Tobias Just / Steffen Uttich

ES SIND NICHT NUR GEBÄUDE

Tobias Just / Steffen Uttich

ES SIND NICHT NUR GEBÄUDE

Was Anleger über Immobilienmärkte wissen müssen

Frankfurter Allgemeine Buch

Bibliografische Information der Deutschen Nationalbibliothek
Die Deutsche Nationalbibliothek verzeichnet diese Publikation in der Deutschen Nationalbibliografie; detaillierte bibliografische Daten sind im Internet über http://dnb.d-nb.de abrufbar.

Tobias Just / Steffen Uttich
Es sind nicht nur Gebäude
Was Anleger über Immobilienmärkte wissen müssen

Frankfurter Societäts-Medien GmbH
Frankenallee 71 – 81
60327 Frankfurt am Main
Geschäftsführung: Hans Homrighausen

1. Auflage
Frankfurt am Main 2015

ISBN 978-3-95601-061-3

Frankfurter Allgemeine Buch

Copyright Frankfurter Societäts-Medien GmbH
Frankenallee 71 – 81
60327 Frankfurt am Main
Umschlag Anja Desch, FRANKFURT BUSINESS MEDIA GmbH –
Der F.A.Z.-Fachverlag, 60327 Frankfurt am Main
Titelbild © thinkstock, Artwork: Anja Desch
Satz Wolfgang Barus, Frankfurt am Main
Druck CPI Moravia Books s.r.o., Brněnská 1024, CZ-691 23 Pohořelice

Printed in EU

INHALT

EINFÜHRUNG

Es gibt wohl keine Anlageklasse, die so direkt und umfassend unser Leben prägt, wie die weite Welt der Immobilien. Dies liegt zum einen am schieren Volumen der Objekte und zum anderen daran, dass Immobilien sehr grundlegende Bedürfnisse des Menschen befriedigen.

Immobilien sind der mit Abstand größte Teil des Anlagevermögens in einer Volkswirtschaft. Etwa 80 Prozent des gesamten Nettoanlagevermögens in Deutschland entfällt auf sie, rund die Hälfte allein auf Wohnimmobilien. Die Menschen in Deutschland leben auf etwa 3,5 Milliarden Quadratmetern in 37,5 Millionen Wohneinheiten. Sie arbeiten auf schätzungsweise 330 Millionen Quadratmetern Büromietfläche und versorgen sich mit einem großen Teil ihres täglichen Bedarfs an Konsumgütern auf den knapp 125 Millionen Quadratmetern Einzelhandelsfläche.

Wenn man sich das Zeitbudget eines Durchschnittsdeutschen betrachtet, wird deutlich, dass wir den größten Teil unseres Lebens in geschlossenen Räumen verbringen. Ein Blick in die Erhebung des Statistischen Bundesamtes aus dem Jahr 2003 über die Zeitverwendung einer Vollzeiterwerbsperson – also eines durchschnittlichen Arbeitnehmers – offenbart Erstaunliches: Zehneinhalb Stunden eines Tages gehen für Schlafen, Essen und Körperpflege drauf, etwas mehr als fünfeinhalb Stunden werden für Erwerbstätigkeit,

Bildung oder Weiterbildung eingesetzt, und in der Freizeit vergehen allein drei Stunden mit Fernsehen, vor dem Computer oder beim Lesen. All dies findet überwiegend innerhalb von Immobilien statt. Dass wir den allergrößten Teil unseres Lebens in oder in der Nähe von Gebäuden verbringen, gilt übrigens nicht nur für die drei Viertel der Leute, die in Deutschland in Städten leben. Auch die „Landbevölkerung“ arbeitet entgegen den gängigen Vorstellungen nur noch zu einem geringen Anteil im Freien.

Immobilien geben Schutz und Geborgenheit, ermöglichen Dienstleistungen und Handel, dienen der reibungslosen Warenproduktion. Mit ihnen lässt sich sogar unser Bedarf an spirituellen Erlebnissen und Gemeinschaftserfahrungen decken – durch den Besuch von Kirchen und Tempeln, von Fußballstadien oder Konzerthallen. Daher sind Immobilien weit mehr als „nur“ eine Anlageklasse. Denn mit ihnen lässt sich nicht nur eine monetäre Rendite erwirtschaften, sie stiften auch nicht-monetären Nutzen. So können angenehme Erinnerungen an das Elternhaus geknüpft sein. Wir besichtigen ehrfürchtig die alten und neuen architektonischen Meisterwerke als gebaute Zeitzeugen unserer Geschichte. Und manche von uns genießen einfach den ziellosen Bummel durch die bunte Lichterwelt der Einkaufsstraßen.

Sicherlich geht es bei der Wahl eines geeigneten Büroraums in erster Linie um funktionale Aspekte. Doch wir erlauben uns anzumerken, dass es einer der Autoren dieses Buches genießt, dass sein Büro in der Barocketage eines 900-jährigen Zisterzienserklosters liegt, während sich der andere Autor darüber freut, dass sein Arbeitgeber Büroflächen in einer umgebauten 100-jährigen Stilaltbauwohnung am Berliner Kurfürstendamm bezogen hat. Würden wir genauso gern ins Büro gehen, wenn wir einen technisch hochgerüsteten WiFi-Keller in der Bürovorstadt Frankfurt-Niederrad hätten? Wahrscheinlich nicht.

Die gebaute Umwelt prägt den Menschen

Die Redewendungen vom „trauten Heim" oder von „my home is my castle" zeugen davon, dass Häuser eben auch ein Zuhause sein können – und nicht nur ummauerter Mieterertrag. Es gibt eine intensive Wechselwirkung zwischen den Immobilien und ihren Nutzern und Eigentümern: Wir prägen die Objekte nach unserem eigenen Geschmack, und gleichzeitig prägt die gebaute Umwelt auch uns. Daher besuchen wir gerne das Goethe-Haus in Weimar, das Buddenbrook-Haus in Lübeck oder das Haus, in dem Victor Hugo am Place des Vosges in Paris wohnte. Wir hegen die Hoffnung, dass wir über die Räume auch die Persönlichkeit ihrer Bewohner verstehen können. Oder wie Christian Morgenstern dies aphoristisch ausdrückte: „Zeig mir, wie du baust, und ich sage dir, wer du bist."

All dies ist richtig und wichtig. Ökonomische Experten und Finanzmarktanalysten vernachlässigen diese Aspekte ihrer Erkenntnisobjekte auf den Immobilienmärkten mitunter sträflich. Doch genauso richtig ist es, dass die ökonomische Seite von Immobilien und die Macht der Immobilienmärkte nicht nur von privaten, sondern auch von institutionellen Marktakteuren und politischen Entscheidern allzu häufig fahrlässig vereinfacht wird. Jeder Mensch hat seine eigenen Erfahrungen mit Immobilien gemacht. Viele Menschen verallgemeinern ihre ureigenen ästhetischen Vorlieben und leiten daraus einfache Heuristiken ab, wie Immobilienmärkte zu funktionieren haben. Daraus resultieren Fehlentscheidungen. Und weil es bei der Immobilienanlage für die meisten Privatanleger um die größte Kaufentscheidung ihres Lebens geht, können solche Fehlentscheidungen erheblichen Schaden anrichten.

Der amerikanische Verhaltensforscher Dan Ariely beschreibt dies in seinem wunderbaren Buch „Predictably Irrational" eindrucksvoll an seinem eigenen Fall: Wegen eines Umzugs musste er sein Haus verkaufen. Doch die Interessenten zeigten keine Wertschätzung gegenüber den baulichen Veränderungen, die ihm wiederum so wertvoll waren. Er musste schließlich diese Umbaumaßnahmen wieder rückgängig machen.

Dies könnte man als charmante Anekdote abtun, würde sie nicht in die schmerzhaften Jahre der Wohnungsmarktkrise in den USA fallen, in der Millionen US-Haushalte ihre Baufinanzierung nicht mehr bedienen konnten, weil sie die Marktentwicklungen falsch eingeschätzt hatten. Marcus Licinius Crassus, einem Politiker, der bereits vor mehr als 2000 Jahren unter dem Kaiser Julius Cäsar in der spätrömischen Republik lebte, wird das Zitat zugeschrieben: „Baulustige werden durch sich selbst zu Grunde gerichtet." Nun war Crassus kein armer Mensch. Vielmehr gehört er zu den reichsten Leuten, die jemals auf Erden gelebt haben. In Wirklichkeit haben ihn auch nicht seine Immobilien, sondern Menschen zu Grunde gerichtet. Der Spruch sollte wohl eher als Bonmot denn als Weisheit verstanden werden. Immobilien können nämlich durchaus ein Quell für Wohlstand und Reichtum sein – allerdings nicht grundsätzlich zu jeder Zeit und an jedem Ort. Ein besseres Verständnis der Marktmechanismen kann deshalb ausgesprochen hilfreich sein.

Immobilienökonomie für den Nachttisch

Das Ziel, das wir mit diesem Buch erreichen möchten, ist, einen Überblick über die Funktionsweise und die Besonderheiten von Immobilienmärkten zu geben. Ein paar dieser Besonderheiten wurden eingangs bereits erwähnt: Immobilien sind eine riesige Anlageklasse, und sie decken häufig sehr grundlegende menschliche Bedürfnisse ab. Sie sind standortgebunden und binden gleichzeitig sehr viel Kapital. Oft ist das so viel, dass ohne Fremdkapitalunterstützung nichts geht. Immobilien nutzen sich nur sehr langsam ab. Sie prägen häufig einen Markt über Jahrzehnte. Fehler auf Immobilienmärkten vererben sich über Generationen. Hinzu kommt, dass Immobilien sehr unterschiedlich sind. Jedes Objekt ist durch seine Lage, seine Ausstattung, die verwendeten Baumaterialien und natürlich seine Nutzerhistorie einzigartig. Einige dieser Punkte erfordern ein hohes Maß an regulatorischer Intervention. Der Staat greift auf vielfältige Weise auf Immobilienmärkten ein. Er regelt das Mietrecht, schafft Planungsrecht, legt Standards für Gebäude fest und greift mit zahlreichen Steuern und Abgaben in die Märkte ein. Viele dieser Eingriffe sind ordnungspolitisch nachvollziehbar, andere folgen wohl allein dem Diktum, dass Immobilien wichtig sind und nicht weglaufen können.

Das Buch dient ausdrücklich nicht der Anlageberatung. Es gibt aber Empfehlungen, was vor dem Kauf oder Verkauf als mögliche Fehlerquelle geprüft werden sollte. Wir haben das Buch unter dem Arbeitstitel „Immobilienökonomie für den Nachttisch" konzipiert, um Lesern mit einem knappen Zeitbudget einen einführenden Überblick über zentrale Erkenntnisse der immobilienwirtschaftlichen Forschung zu geben. Dieses Buch erhebt nicht den Anspruch, dass die Leser nach der Lektüre alles über Immobilienmärkte wissen. Sie erhalten aber einen ersten Überblick, der im Idealfall das Interesse weckt, sich tiefergehend mit dieser Materie zu beschäftigen. Es ist also eher ein *amuse-bouche* als ein komplettes Menü. Feinschmecker, die das gesamte Menü der Immobilienökonomie suchen, werden am Ende weiterführende Literaturquellen finden.

Das Buch ist in drei Teile und insgesamt 14 Hauptkapitel gegliedert. Jedes Kapitel kann in einer knappen halben Stunde gelesen werden. Wenn man also jeden Abend vor dem Einschlafen noch eine halbe Stunde liest, hat man nach zwei Wochen einen ersten Überblick über die Funktionsweise von Immobilienmärkten.

Es gibt zahlreiche sehr gute Wissenschaftsbücher. Diese sind jedoch häufig recht unhandlich – sowohl mit Blick auf ihr Volumen als auch auf ihre Darstellungsform. Dies erschwert mitunter den Zugang zu wichtigen Aussagen und Erkenntnissen. Gleichzeitig gibt es ein breites Angebot an Beratungsliteratur, in denen es häufig ganz banal um Anlagetipps geht. Diese sind in der Regel handlicher und prägnanter formuliert. Allerdings fehlt dort üblicherweise die Einbettung der Empfehlungen in die Funktionsweise der Immobilienmärkte. Mit diesem Buch möchten wir die offensichtliche Lücke zwischen immobilienwirtschaftlicher Theorie und Anlagepraxis schließen.

Noch bevor uns der Arbeitstitel ans Herz wachsen konnte, haben wir uns freilich schon wieder von ihm verabschiedet. Dies lag keineswegs daran, dass wir feststellten, dass unser Buch irgendwann nicht mehr nachttischtauglich war, sondern vor allem daran, dass der Begriff der Immobilienökonomie im Deutschen viel weiter gefasst wird, als wir es in diesem Buch beabsichtigten. Auf den folgenden Seiten stehen die Märkte im Vordergrund. Das interdisziplinäre Konzept der Immobilienökonomie, wie es Karl-Werner Schulte mit seinem Haus der Immobilienwirtschaft illustriert, ist jedoch ungleich facettenreicher – und rechtfertigt eher 900 als 200 Seiten. Das wollten wir mit einem gnadenvollen Blick auf unseren eigenen Nachttisch weder den Lesern noch ihren Nachttischen zumuten.

Bleibt abschließend nur zu sagen, dass wir uns herzlich bei den folgenden Personen bedanken wollen, die für die Erstellung des Buches entweder durch inhaltliches Feedback oder organisatorische Unterstützung unerlässlich waren: Nicole Braun, Michael Heinrich, Markus Hesse, Mark Maurin, Claudia Orszullok und Philipp Schäfer.

DIE MÄRKTE

Die Wirtschaftsordnung in Deutschland ist durch die Prinzipien der sozialen Marktwirtschaft geprägt. Überwiegend sorgen also private Märkte für die Bereitstellung von Gütern. Diese Märkte bieten Unternehmen Gewinnmöglichkeiten. Das treibt nicht nur die Produktion an, sondern auch Innovationen. Märkte gelten daher sowohl kurz- als auch langfristig als effizient.

Doch Märkte können nicht alles. Es gibt Situationen, in denen sie versagen würden. Dies betrifft zum Beispiel die innere und äußere Sicherheit, das Rechtssystem oder teilweise die Bereitstellung von Infrastruktur sowie Sozialversicherungen. Die soziale Marktwirtschaft zielt deshalb auf den Ausgleich zwischen der Effizienz des Marktes und dem Korrektiv durch den Staat, um ein hohes Maß an privaten und öffentlichen Gütern bereitzustellen.

Das Konzept der sozialen Marktwirtschaft wirkt unmittelbar in die Immobilienwirtschaft hinein. Dies gilt nicht nur für die Wohnungswirtschaft. Baustandards, Arbeitsplatzrichtlinien oder die Regelung der Ladenöffnungszeiten setzen dem freien Wirken von Immobilienmärkten Grenzen.

Doch welche Märkte sind konkret gemeint, wenn von Immobilienmärkten die Rede ist? Die Vermietungsmärkte? Die Bau- und Investmentmärkte? Die Finanzierungsmärkte? Können diese Märkte getrennt voneinander betrachtet werden? Und wie funktionieren sie?

1. Der Nutzer steht im Mittelpunkt

Kein erfolgreiches Immobiliengeschäft ohne sinnvolle Nutzung.
Es muss Klarheit herrschen, welcher Nutzer eine Fläche an welchem Standort und für welche Aktivitäten benötigt. Die Fläche muss zum Nutzer passen. Für jede Immobilieninvestition ist das der Schlüssel zum Erfolg, denn erst die Nutzung macht eine Immobilie wertvoll.

Es ist schon ein merkwürdiges Phänomen, mit dem die deutsche Immobilienwirtschaft Tag für Tag konfrontiert wird. Das Dach über dem Kopf befriedigt ähnlich wie Essen und Trinken ein elementares Grundbedürfnis des Menschen. Und doch ist das Verhältnis der Immobilienbranche, die schließlich das Dach über dem Kopf bereitstellt, zu ihrer Kundschaft und damit der breiten Öffentlichkeit von Vorurteilen und Missverständnissen geprägt. Für die Situation und die Bedürfnisse der jeweils anderen Seite Verständnis aufzubringen, ist eher die Ausnahme als die Regel.

Die Gründe dafür liegen auf der Hand. Die Wahrnehmung des Nutzers von seiner Fläche, von dem Raum, der sie umgibt, ist immer subjektiv. Er sieht nur, wie er darin zurechtkommt, ob dort alles seinen Bedürfnissen und Ansprüchen entspricht. Stimmen die Lage und die Bauqualität? Lassen sich mit dem Zuschnitt und der Ausstattung der Fläche die ursprünglich beabsichtigten Vorstellungen und Aktivitäten umsetzen? Und dann noch die ganzen Detailfragen, dieses Klein-Klein des Alltags: Funktioniert die Heizung? Warum läuft das Wasser mit so wenig Druck? Was riecht hier eigentlich so komisch? Die grundsätzlichen und die alltäglichen Fragen können einen Nutzer schon auf Trab halten – egal, ob das Gebäude, in dem er sich befindet, ihm selbst gehört oder nur gemietet ist.

Kein Wunder also, dass der Gesamtzusammenhang, in dem diese einzelne Immobilie steht, den Nutzer im Normalfall überhaupt nicht interessiert. Es interessiert ihn nicht, wie der Immobilienmarkt funktioniert und wer die treibenden Kräfte in ihm sind. Er sieht, ob die Mieten oder Preise steigen oder fallen. Er sieht, dass die Hausverwaltung besser oder schlechter erreichbar ist. Gelegentlich sieht er als interessierter Zeitgenosse noch, dass man in diesem Geschäft offenbar viel Geld verdienen – und natürlich auch viel Geld verlieren kann. Doch schon die Kenntnis, dass es eine Unterscheidung zwischen Wohnimmobilien und Gewerbeimmobilien gibt, dass Wohnimmobilien und Gewerbeimmobilien als unterschiedliche Märkte zum Beispiel unterschiedlich stark gesetzlich reguliert sind, ist für den überwiegenden Teil der Bevölkerung nicht selbstverständlich.

Es ist vielleicht dieses Desinteresse an ihrem Tun, das wiederum die Akteure in der Immobilienbranche dazu verführt, dass sie in ihrem hektischen Geschäft den Nutzer zuweilen aus den Augen verlieren. Allerdings hat die Immobilienwirtschaft auch über Jahrzehnte auf einer Butterblumenwiese agiert, auf der sie es sich bequem machen und getrost über die Wünsche ihrer Kunden, die gelegentlich vorbeischauten, hinweggehen konnte. Nach 1945 herrschte überall Flächenknappheit im Lande. Egal, was man gebaut hat, es wurde vermietet. Erst in den späten 80er Jahren änderte sich dies. Seither muss die Branche viele Lehren ziehen, die andere Branchen schon früher hatten ziehen müssen. Sie muss sich insgesamt professionalisieren, ihre Mitarbeiter qualifizieren, ihre Prozesse automatisieren und alle Beteiligten besser informieren. Diese Umstellung ist bis heute nicht abgeschlossen.

Immobilien verlangen Improvisationstalent

Die Gefahr, den Nutzer mit seinen Bedürfnissen nicht genügend zu beachten, ist allerdings auch systembedingt. Es gibt wahrscheinlich keine andere Branche, in der so viel Improvisationstalent, so viel rasche Auffassungsgabe und so viel Empathie gefragt ist – alles Dinge, die sich nicht standardisieren lassen. Immobilien zu bauen, zu vermarkten und zu betreiben, bedeutet zuallererst, jeden Tag aufzustehen und neue Probleme lösen zu müssen; Probleme, die noch am Vorabend nicht einmal in Ansätzen zu erkennen waren.

Dies liegt nicht an mangelhaften Prozessen oder unfähigen Akteuren, sondern es lässt sich zu großen Teilen auf die Eigenschaften von Immobilien und ihrer Märkte zurückführen: Jede Immobilie ist ein einzigartiges Objekt. Sie steht für sich – kein Gebäude gleicht dem anderen. Klar mögen manche ähnlich aussehen. Doch allein schon Lage, Ausstattung und Bauqualität sorgen gleich zu Beginn für die ersten Differenzierungen. Über den Lebenszyklus weiten sich diese Unterschiede immer mehr aus. Wenn jedes Objekt besonders ist, lässt sich auch nicht alles standardisieren. Es gibt also ständig neue Probleme, für die neue Lösungen gefunden werden müssen.

Doch bei aller geistiger Beweglichkeit, die von den Immobilienmarktakteuren verlangt wird, gibt es eine Orientierungsgröße, die niemals aus dem Blick verloren werden darf: Die Nutzung einer Fläche – und damit deren Nutzer – ist der entscheidende Faktor für den wirtschaftlichen Erfolg einer Immobilieninvestition. Völlig egal, ob die Fläche selbst genutzt oder vermietet ist, ob sie zum Wohnen oder zum Arbeiten genutzt wird. Ist die Nutzung der Fläche sinnvoll, entspricht sie den Vorstellungen des Nutzers, erfüllt sie einen Zweck – dann spricht nichts gegen einen wirtschaftlichen Erfolg des jeweiligen Objekts. Weder eine herausragende Bauqualität, noch eine besonders attraktive Architektur, noch besonders innovative Gebäudestrukturen sind Garanten für wirtschaftlichen Erfolg, sondern einzig und allein die Tatsache, dass ein Nutzer genau für diese Aspekte bereit ist, hinreichend zu bezahlen. Teure Objekte in den besten Lagen können sich einer genauso großen Nachfrage erfreuen wie günstige Objekte in den Randlagen.

Am besten zu verstehen ist dieses Grundprinzip bei einem Blick auf das Gegenteil eines Erfolgsmodells – der sogenannten Schrottimmobilie. Die Schrottimmobilie ist in den vergangenen Jahren zu einem geflügelten Wort geworden. Es wird immer dann genutzt, wenn sich ein Geldanlagemodell für Privatanleger als Fehlinvestition entpuppt. Wer dann erstmals vor einer solchen Schrottimmobilie steht, wird sich zunächst wundern, warum diese eigentlich auf den ersten Blick nicht ungewöhnlich aussieht. Denn die Bezeichnung Schrott bezieht sich nicht auf die Bauqualität des erworbenen Eigentums. Es ist vielmehr so, dass die vorgesehene Nutzung des Objekts überhaupt nicht darstellbar ist.

Das können Wohnungen sein, die sich in Regionen befinden, die unter einer schrumpfenden Bevölkerungszahl leiden. Das können Büroimmobilien an Standorten sein, die durch hohe Arbeitslosigkeit und geringe wirtschaftliche Aktivitäten geprägt sind. Das kann ein Einzelhandelsobjekt in der Einöde oder ein Hotel direkt neben einer Hochgeschwindigkeitsstrecke der Bahn sein. Der gemeinsame Nenner von Schrottimmobilien besteht also darin, dass die vorgesehene Nutzung nicht zum Umfeld passt. Die Fläche ist fehlkonzipiert und steht folgerichtig leer – und der Eigentümer muss sich mit den ausbleibenden Einnahmen und den daraus resultierenden Verlusten herumschlagen.

Der uneingeschränkte Blick auf den Nutzer und seine Bedürfnisse hilft erfolgreichen Immobilienmarktakteuren dabei, auch in gelegentlich unübersichtlichen Momenten des Alltagsgeschäfts die Orientierung zu behalten. Das kommt nicht von ungefähr: Der Nutzer bezahlt schließlich den ganzen Spaß. Er bestimmt, welcher Preis letztlich gezahlt wird, wenn er ein Gebäude kauft – das ist dann der sogenannte Selbstnutzer. Oder er ist Mieter und bestimmt über seine regelmäßigen Zahlungen den Wert eines Gebäudes.

Es ist so ähnlich wie auf dem Aktienmarkt, wo der nachhaltig erzielbare Gewinn eines Unternehmens die entscheidende Orientierungsgröße ist. Er zeigt professionellen Marktakteuren an, ob der Kurs der jeweiligen Aktie aktuell eher günstig oder eher übertrieben ist. Wo auch immer die Marktstimmung die Aktienkurse gerade hintreibt, es ist der tatsächlich erwirtschaftete Gewinn eines Unternehmens, der den Wert des Anteilsscheins ausmacht – der Kurs kann sich davon gelegentlich entkoppeln, aber das wird immer ein vorübergehendes Phänomen bleiben. Der Überschuss ist das Geld, das zur Verteilung ansteht. Steigt der Unternehmensgewinn, hat der Aktienkurs ein belastbares Fundament, um ebenfalls zu steigen. Alles andere ist Spekulation.

So wie diese Zielgröße gelegentlich aus den Augen verloren wird – wenn sich etwa manche Börsianer hoffnungslos verrennen und Luftnummern, wie es viele Internetaktien zur Jahrtausendwende waren, als substanzielle Größe ansehen –, so gerät auch die entscheidende Zielgröße Flächennutzer auf dem Immobilienmarkt in mehr oder weniger regelmäßigen Abständen aus dem Blick. Steigen etwa die Mieten dank einer robusten Nachfrage nach den jeweiligen Flächen und parallel die Immobilienpreise, so ist alles in bester Ordnung. Steigen aber nur die Preise und die Mieten indes nicht, beziehungsweise wird einfach mal auf Mietwachstum in der Zukunft spekuliert und in die Ankaufskalkulationen eingepreist, dann wird es im Immobiliengeschäft über kurz oder lang holprig.

Die Zuteilungsmentalität wirkt nach

Doch warum wird das immer mal wieder vergessen? Zunächst einmal ist die Vergesslichkeit historisch bedingt. Begleiterscheinungen der Industrialisierung hierzulande waren Urbanisierung und Bevölkerungswachstum. So wurden mehrere Generationen durch eine chronische Flächenknappheit geprägt, die sich mit den verheerenden Schäden des Zweiten Weltkriegs noch einmal zusätzlich verschärfte. Der Nutzer musste mit dem zurechtkommen, was ihm zur Verfügung gestellt wurde. Nimm, was Du bekommst, und halt ansonsten die Klappe, lautete mitunter das Motto. Der Eigentümer saß somit lange Zeit am längeren Hebel. Er bestimmte, wer auf seine Flächen kam und was er dort tun und lassen musste. Aus dieser Zeit stammt übrigens die Neigung vieler Mittelständler, bevorzugt auf eigenem Grund und Boden zu produzieren. Man wollte einfach nicht von den Launen eines „Immobilienhais" das Kerngeschäft beeinträchtigt sehen.

Obwohl diese Knappheit in den Jahren des Wiederaufbaus schon bald einem Flächenüberschuss gerade im gewerblich genutzten Immobiliensegment wich, wirkt die Zuteilungsmentalität gelegentlich nach. Zu beobachten ist das zum Beispiel noch bei spekulativen Bauten von Büros in den besten Innenstadtlagen, wo es also zu Baubeginn noch keinen Nutzer gibt. Die Flächen entsprechen dann der gerade gängigen Ausstattungsmode und richten sich an vermeintlichen Standards aus, die sich aber schnell wieder ändern können. Der Erstbezug ist in solchen Lagen zunächst unproblematisch. Die üblichen Mieter wie Anwaltskanzleien, Wirtschaftsprüfer oder Beratungsfirmen finden sich wegen der Neubauqualität und der Lage damit ab, dass sie bei ihrer Mietfläche letztlich nur Massenware geliefert bekommen. Doch wie sieht es in der Nachvermietung aus? Dann ziehen die Erstmieter aus – und mit dem Leerstand kehrt die Einsicht ein, dass wohl nichts so schnell altert wie die gewerblich genutzte Fläche. Nur mit umfassenden Investitionen lassen sich die Flächen auffrischen und damit wieder marktgängig machen.

Allerdings nutzt auch die individuellste Immobilie nichts, wenn der Nutzer kein tragfähiges Geschäftsmodell vorweisen kann. Auch dann droht nachhaltiger Leerstand und dem Immobilieneigentümer Verlust. Entsprechende Denkmäler gibt es überall im Lande. Erinnert sei hier nur an verwaiste Rennstrecken in strukturschwachen Gegenden oder einen riesigen Hangar bei Berlin, aus dem das Lastenluftschiff Cargolifter nie abhob. Immobilienmarktakteure müssen also auch diesbezüglich ihre Nutzer ganz genau anschauen.

Für so manchen Immobilienmarktakteur ist es schlicht und einfach zu mühsam, sich mit den Wünschen und Anforderungen eines Mieters in all ihren Verästelungen auseinanderzusetzen. Viele Immobilienunternehmen sind allerdings auch zu klein, um den notwendigen Aufwand betreiben zu können. Dabei kann diese Mühe bares Geld wert sein. Und es ist gar nicht so schwer, die richtigen Fragen zu finden, um die notwendigen Antworten zu bekommen, die letztlich dafür sorgen, dass Nutzer und Fläche ideal zueinander passen – und damit eine Immobilie erst wertvoll machen.

An erster Stelle sollte die Frage stehen, welcher Nutzer für die Fläche überhaupt in Frage kommt. Schon bei Wohnimmobilien ist das keine banale Frage. Der kalkulierte Preis beziehungsweise die kalkulierte Miete muss in das jeweilige lokale und regionale Muster passen. Luxuswohnungen in Magdeburg treffen auf eine überschaubare Gruppe von potentiellen Nachfragern. Umgekehrt kann es im einst weniger attraktiven Münchner Norden inzwischen ein lohnendes Geschäft sein, weil die Knappheit an Wohnraum in der bayerischen Landeshauptstadt die Preise treibt. Lohnt sich der Bau von Pendler-Reihenhäusern im Rodgau bei Frankfurt? So lange ist das ein schwieriges Geschäft, bis dann plötzlich das S-Bahn-Netz in die Region südöstlich der Finanzmetropole verlängert wird. Ein Ballungsraum reicht bis zur letzten S-Bahn-Station: Das Immobilienangebot Reihenhäuser trifft nun auf zahlreiche neue potentielle Nutzer, die den S-Bahn-Takt benötigen.

Im Geschäft mit Gewerbeimmobilien trennt sich schon an diesem grundsätzlichen Punkt der Nutzerauswahl die Spreu vom Weizen. Hält zum Beispiel der Vermieter einem Interessenten Vorträge, was er als Mieter so alles bekommt – oder hört er zu, was der potentielle Mieter benötigt? Die Wahrscheinlichkeit, dass ein Interessent gewonnen werden kann, steigt bei der zweiten Variante sprunghaft an. Es ist in der Praxis immer wieder bemerkenswert, dass es von Mietern als Besonderheit herausgestellt wird, wenn man sich für ihr Geschäftsmodell und die daraus resultierenden Flächenanforderungen interessiert.

Die zweite wesentliche Frage ist, wo ein Nutzer die Fläche braucht. Muss er in der Innenstadt präsent sein, weil sich dort sein Zielpublikum befindet? Dann muss er sich auch ein höheres Mietniveau leisten können. Viele Unternehmen haben für ihre Mieten eine obere Grenze gezogen. Sie ziehen dann so nah an die Innenstadt heran, wie sie dieses Mietniveau trägt. „Gut und teuer" versus „Gut und günstig": Dann genügt schon ein Platz in der Peripherie einer Metropolregion, die für Mitarbeiter und Kunden gut erreichbar ist. Produzierende mittelständische Firmen wissen dies zu schätzen und wechseln von der Unternehmensimmobilie im Eigentum zur angemieteten Unternehmensimmobilie. Wurden sie einst weit vor die Stadttore geschoben, kehrt die inzwischen saubere Produktion in die Stadt zurück – unter der Voraussetzung, dass sie auf Immobilieneigentümer stoßen, die die Tugend des Zuhörens beherrschen.

Denn die Anforderungen können zuweilen komplex sein. Da sucht zum Beispiel eine internationale Produktprüfungsgesellschaft, deren Zertifikat für den Export in ein bestimmtes Land unerlässlich ist, nach Räumlichkeiten für ihre Deutschland-Niederlassung. Bei einer solchen Anfrage kann man nicht von den reinen Nutzungsarten ausgehen. Nur Büroflächen für die Verwaltung helfen hier nicht weiter. Nur Laborflächen für die Durchführung der Prüfverfahren auch nicht. Ein maßgeschneiderter Neubau ist angesichts der steigenden Baukosten sehr teuer. Bleibt die Suche nach passenden Flächen im Gebäudebestand einer Metropolregion. Viele Vermieter tun sich mit einer Mischnutzung jedoch schwer. Vermeintlich verkompliziert dies die Flächenverwaltung. Doch je genauer die Bedürfnisse des potentiellen Nutzers abgefragt und umgesetzt werden, je maßgeschneiderter die Fläche für ihn ist, je mehr Aufwand er auch selbst in die Ausgestaltung der Flächen steckt, umso geringer wird seine Neigung, nach einem Auslaufen des Mietvertrages umzuziehen. Wenn der Mantel passt, warum soll man ihn ablegen? Sprich: Wenn der Mietvertrag ausläuft, warum soll man ihn dann nicht verlängern?

Individualisierung im Immobiliengeschäft

Im konkreten Fall der Produktprüfungsgesellschaft wurde eine Etage in einem sanierungsbedürftigen Verwaltungsgebäude am Stadtrand von Frankfurt komplett saniert und nach den Vorstellungen der Produktprüfungsgesellschaft aufbereitet. Zu Beginn der Arbeiten glich der Besuch der Fläche einer Zeitreise in die siebziger Jahre des vergangenen Jahrhunderts. Fundament des Business-Plans war ein geringer Einstand: Der Kaufpreis für das Bestandsobjekt fiel ausgesprochen niedrig aus, weil den meisten potentiellen Käufern des Gebäudes angesichts des ursprünglichen Zustands der Fläche wohl die Phantasie fehlte, einen Nutzer dafür finden zu können. Dieser Umstand ließ genug Raum für umfangreiche Sanierungsinvestitionen, ohne die dafür notwendige Miete über das Marktniveau zu heben. Im Gegenteil: Der neue Mieter konnte gewonnen werden, weil ihm modern ausgestattete Büro- und Laborflächen zur Verfügung gestellt wurden, die passgenau auf seine Bedürfnisse zugeschnitten waren – und die er trotzdem unter Marktniveau anmieten konnte. So entstand am Ende eine Win-win-Situation: Der Nutzer kommt zu einer vergleichsweise günstigen Miete an eine Fläche, die sich an seinem ganz speziellen Geschäftsmodell ausrichtet; und der Eigentümer erzielt eine angemessene Rendite, weil er sich genau an den Bedürfnissen des Nutzers – nicht der Immobilie – orientiert hat.

Was sich in der intensiven Auseinandersetzung mit den Anforderungen potentieller Flächennutzer niederschlägt, ist letztlich ein Spiegelbild der Zeitläufe. Der Trend geht zur Individualisierung. Davon bleibt das Immobiliengeschäft nicht unberührt. Natürlich ist die Arbeit mit Standards beliebter, weil sich nach deren Durchsetzung relativ schnell relativ viel Geld verdienen lässt. Individualisierung ist da zunächst wesentlich anstrengender. Doch wenn man diesen Ansatz gerade im Immobiliengeschäft im stetigen Austausch mit dem Nutzer konsequent verfolgt, ist bei einem geringeren Risiko durch die belastbare Bindung des Mieters sogar noch etwas mehr zu verdienen.

Dass erfolgreiche Immobilienunternehmer hierzulande immer verlässlicher in der Lage sind, Ideen auf der Basis komplexer Nutzeranforderungen zu entwickeln und gezielt umzusetzen, ist die abschließend gute Nachricht. Um die Phase der individualisierbaren Industrialisierung mit ihrem attraktiven Ertragspotential in der Immobilienwirtschaft umzusetzen, sind qualifizierte Profis unverzichtbar. Es ist das Gegenteil von dem einst verbreiteten Durchwursteln, dass am Ende schon irgendwie alles passen wird. Es ist ein Ausweis zunehmender Professionalität.

2. Die Rollen der Marktakteure

Gebäude sind der einzige gemeinsame Nenner. Wer das Geld hat, der bestimmt in der Wirtschaft, wo es langgeht.
Um die Investoren und Banken gruppiert sich eine Vielzahl von Dienstleistern, die alle ein kleines Stück vom großen Kuchen abbekommen wollen. Die bunte Vielfalt an Berufsbildern und Geschäftsmodellen bringt unterschiedliche, teils gegensätzliche Interessen mit sich – dies ist mal hilfreich, und mal erschwert es den Wertschöpfungsprozess.

Das Bild der Immobilienbranche in der Öffentlichkeit ist wahrlich nicht das beste: Für wenig Arbeit verlangt man dort viel Geld, lautet einer der gängigen Vorwürfe an die Branchenvertreter. Korruption und Skandale sind ein ständiger Wegbegleiter. Überhaupt sehen diese Immobilienleute seltsam aus. Das Haar zu gegelt, die Uhr zu dick, das Auto zu teuer.

Natürlich sind diese Stereotype überzeichnet. Sie werden der Vielfalt der Akteure und Berufsbilder nicht gerecht. Es ist das Schicksal der Immobilienbranche, dass sich diese Vielfalt erst bei einem näheren Blick erschließt. Leider hat die breite Mehrheit der Bevölkerung im Alltag nur Kontakt zu einer von vielen Berufsgruppen – und das sind die Wohnungsmakler. Sie prägen das Bild in der Öffentlichkeit. Einzelne schlechte Erfahrungen legen sich dann über viele gute. Dann heißt es: „Sie schließen die Tür auf. Sie führen durch die Wohnung oder das Haus. Mit ihren vorgestanzten Prospektfloskeln machen sie jedes ernsthafte Gespräch unmöglich. Sie schließen die Tür wieder ab." Dafür gibt es dann bis zu zwei Netto-Monatsmieten in der Vermietung oder bis zu 7 Prozent vom Kaufpreis einer Wohnung beziehungsweise eines Hauses, wenn es zum Abschluss kommt.

Die Existenzberechtigung von Maklern besteht darin, Käufer mit Verkäufern und Mieter mit Vermietern zusammenzubringen. Doch vor allem in angespannten Wohnungsmärkten mit mehr Nachfrage als Angebot wie zum Beispiel in München oder Hamburg wird es als lästig bis ärgerlich empfunden, wenn sie auch noch die Hand aufhalten, wo die Immobilie beziehungsweise die Mieten ohnehin sehr hoch sind. Dieser Ärger wird potenziert durch die „schwarzen Schafe", die sich unter den Wohnungsmaklern tummeln. Das hat einen Grund, der den vielen seriösen Maklern schwer auf der Seele lastet: Es gibt keine Zugangsbeschränkung in diesen Beruf. Eine spezielle Ausbildung ist nicht vorgeschrieben, ein branchenweit verbindlicher Verhaltenskodex fehlt.

Ist die fachliche Substanz nicht vorhanden, wird das Geschäftsgebaren dann schnell unlauter. In der Praxis gibt es haarsträubende Anekdoten, die mit der deutschen Besonderheit der sogenannten Nachweismakelei in Zusammenhang stehen. Dabei durchstreift ein Makler zum Beispiel eine Internetplattform wie den Marktführer Immobilienscout 24, nimmt dort Angebote auf und leitet sie ohne Auftrag des Inserenten an potentielle Interessenten weiter. Sobald der Makler dann nachweisen kann, dass er das Angebot vor der Kontaktaufnahme von Käufer und Verkäufer beziehungsweise Mieter und Vermieter zugesandt hat, wird der Abschluss provisionspflichtig. Immerhin wird dieser Effekt künftig abgeschwächt. Seit Juni 2014 kann ein Käufer beziehungsweise Mieter rückwirkend zehn Jahre lang den Vermittlungsvertrag widerrufen, wenn ihn der Makler nicht über sein Widerrufsrecht belehrt hat. Das heißt, Makler und Interessent müssen mindestens einmal miteinander gesprochen haben. Damit werden zumindest die übelsten Auswüchse der Nachweismakelei eingedämmt.

Kurzfristig oder langfristig unterwegs

So stark die Wohnungsmakler das Bild der Immobilienbranche nach außen prägen, so eingeschränkt ist ihre Bedeutung nach innen. Tonangebend im Immobiliengeschäft sind diejenigen, die Geld haben. Das sind auf der einen Seite Investoren, die über Eigenkapital verfügen, und auf der anderen Seite Banken, die Fremdkapital zur Verfügung stellen. Schon bei den Investoren wird es für Außenstehende schwierig, den Überblick zu behalten. Am einfachsten lassen sie sich danach unterscheiden, ob sie kurzfristig oder langfristig orientiert sind.

Kurzfristig orientierte Investoren sind die Bauträger, die sich heutzutage lieber Projektentwickler nennen. Sie sind die Stars der Branche. Gern sprechen sie selbst von der Königsdisziplin des Immobiliengeschäfts, und das nicht einmal zu Unrecht. Denn sie tragen oft das höchste Risiko, können aber auch am meisten verdienen. Das über allem schwebende Risiko des totalen Scheiterns schlummert in vielen Einzelrisiken. Die wesentlichen sind das Planungsrisiko, das Genehmigungsrisiko, das Finanzierungsrisiko, das Zeitrisiko und natürlich das Kostenrisiko. Um diese Risiken zu beherrschen, muss ein Projektentwickler über zwei grundlegende Eigenschaften verfügen: Organisationstalent und gute Nerven.

Projektentwickler erwerben im klassischen Modell ein Grundstück. Dann bringen sie die Planung auf den Weg, was für ein Gebäude darauf entstehen könnte. Auf dieser Basis muss dann eine tragfähige Finanzierung zustande gebracht werden, um danach endlich den Bau voranzutreiben. Über alledem schwebt die Notwendigkeit, einen Nutzer für die entstehenden Flächen zu finden. Im Idealfall stehen der oder die Mieter schon vor Baubeginn fest. Manchmal wird aber einfach auch spekulativ gebaut. Am Ende dieses Geschäftsmodells steht der Verkauf des frisch fertiggestellten und voll vermieteten Objekts. Dann ist der Zahltag gekommen, an dem die jahrelangen Mühen belohnt werden. Doch bis zur letzten Sekunde kann noch alles schiefgehen. Dieser permanente Druck ist nicht jedermanns Sache.

Nach der gängigen Definition besteht die Kunst der Projektentwicklung darin, alle technischen, juristischen und wirtschaftlichen Maßnahmen soweit im Griff zu haben, dass ein Bauvorhaben innerhalb des vorgegebenen Qualitäts-, Kosten- und Zeitrahmens fertiggestellt wird. Deshalb ist die Projektentwicklung auch nicht nur auf Neubauten beschränkt. Attraktive Werthebel bietet auch das Bauen in bestehenden Gebäuden, zum Beispiel in der umfassenden Sanierung von heruntergewirtschafteten Bürogebäuden in Innenstadtlagen oder von Industriebrachen am Stadtrand.

Verkauft werden die Immobilien von der kurzfristig orientierten Investorenseite an die langfristig orientierte Investorenseite. Das können Wohn- und Gewerbeimmobilienunternehmen sein, die ein Geschäftsmodell als Bestandshalter verfolgen. Das können Immobilienfonds, Versicherungen, Versorgungskassen, Stiftungen oder vermögende Privatpersonen sein. Es sind diejenigen Vertreter unter den Investoren, die durchaus an einem hohen, aber weniger an einem schnellen Gewinn interessiert sind und die einen stetigen Zustrom von Mieteinnahmen zu schätzen wissen. Diese Investoren erfreuen sich einer großen Beliebtheit bei allen anderen Immobilienmarktakteuren. Sie sind sozusagen der Gegenpol zum Wohnungsmakler. Alle sind nett zu ihnen. Denn sie haben das Geld, welches den Markt in Bewegung hält. Hier bietet sich die Möglichkeit, vom großen Kuchen ein kleines Stück abzubekommen.

Wobei langfristig nicht immer zu wörtlich genommen werden sollte. Einige aus der Gruppe der institutionellen Investoren suchen natürlich auch den kurzfristigen Ausstieg. In den vergangenen zehn Jahren haben etwa immer mehr ausländische Private-Equity-Investoren mit Immobilienschwerpunkt in Deutschland Fuß gefasst, deren Ansatz nicht die stetige Verzinsung des eingesetzten Geldes ist, sondern die rasche Wertsteigerung. Ein erfolgversprechendes Geschäftsmodell ist dabei die Übernahme eines komplizierten Wohnungsportfolios und dessen Aufteilung in wirtschaftlich funktionierende kleinere Einheiten, die dann mit Gewinn wieder verkauft werden. Diese Aufteiler arbeiten wenig mit der Immobilie, haben aber eine wichtige Funktion für den Markt. Umstritten und in der Öffentlichkeit immer wieder am Pranger sind dagegen Geschäftsmodelle, bei denen nach dem Ankauf die Kosten für den Unterhalt der Gebäude drastisch heruntergefahren werden. Etwas weniger freundlich formuliert: Es wird Substanzabbau am Objekt betrieben. Solche Investoren versuchen, gewinnmaximierend den richtigen Zeitpunkt zum An- und Verkauf zu erwischen. Das Reiten von Marktzyklen wird dieses Vorgehen genannt. Es ist in der Regel nicht objekt-, sondern finanzierungsgetrieben.

Im Vergleich zu der Gruppe der Investoren sind die Banken als Gruppe wesentlich übersichtlicher. Das ist gut so, denn schließlich spielen sie unter den Marktakteuren ebenfalls eine Hauptrolle. Fremdkapital ist der Treibstoff, der den Immobilienmarkt am Laufen hält, worauf in Kapitel 6 näher eingegangen wird. Investitionen, die vollständig aus Eigenkapital finanziert werden, sind eher die Ausnahme – gerade in Zeiten mit historisch niedrigen Zinsen. Sitzen in den Banken Leute mit immobilienwirtschaftlichem Verstand an den richtigen Schalthebeln, wachsen sinnvolle Projekte dank der von ihnen vergebenen Kredite in den Himmel und bekommen sinnlose Projekte keine Chance. Die verbreitete Formel lautet: Geht es den Banken gut, geht es der Immobilienbranche gut.

Unverzichtbare Nebenrollen

Investoren und Kreditgeber sind die wesentlichen Treiber des Immobiliengeschäfts. Um sie herum gruppiert sich eine Vielzahl von Dienstleistern, die eine unterstützende Funktion haben. Sie füllen sozusagen die Nebenrollen aus. Ohne die Stars in den Hauptrollen können sie nicht existieren – die Stars aber auch nicht ohne sie.

In dieser unterstützenden Funktion sind die Makler nur eine von vielen Gruppen. Mit ihrer schieren Masse und der damit verbundenen öffentlichen Wahrnehmung kommt ihnen immerhin eine wichtige Nebenrolle zu. Im Idealfall kennt sich ein Makler auf seinem Markt so gut aus, dass er zielsicher den richtigen Verkäufer mit dem richtigen Käufer zusammenbringt. Die dabei fällige Provision ist in der Regel üppig. Was sie überdeckt, sind die vielen Wege, die der Makler umsonst geht, wenn eben trotz aller Mühen kein Abschluss zustande kommt. Kein Abschluss, kein Geld, kein Einkommen – so einfach ist die Formel.

Angesichts dieses Drucks ist es auch nicht verwunderlich, dass Vertreter dieser Berufsgruppe zu Übersprungshandlungen neigen. Ein selbständiger Makler hat keine Bestände, aus denen ihm in schwierigen Zeiten ein paar Euro zufließen. Er kann nur Rücklagen bilden. Sind sie aufgebraucht, ist der Traum vom schnellen Geld ausgeträumt. Auch bei angestellten Maklern sind die Fixgehälter so niedrig, dass sich nur mit der variablen Erfolgsvergütung gut leben lässt.

Ein wesentlich größeres Ansehen genießen die Architekten, auch wenn sie sich ungern als Teil der Immobilienbranche betrachten. Sie sind die Künstler in einer hemdsärmeligen Umwelt – so das verbreitete Selbstbild. Dabei wird von ihnen selbst Hemdsärmeligkeit verlangt, wenn sie für den Bauherren nicht nur das Projekt planen, sondern auch die Bauausführung begleiten. Natürlich ist das Reißbrett ihr Zuhause. Natürlich werden sie vor allem für gute Ideen bezahlt. Natürlich wird ihnen dann die größte Anerkennung zuteil, wenn ihnen die unmöglich scheinende Verbindung zwischen anspruchsvollem Bauwerk im Stadtbild und wirtschaftlichem Erfolg für den Bauherren gelingt.

Aber wie oft laufen auch sie wie die Makler umsonst los, betreiben einen großen Aufwand, um dann doch nur auf dem undankbaren zweiten Platz zu landen, für den man sich nichts kaufen kann. So teilt die Masse der Architekten das Schicksal der Bohemien von Montmartre in der Zeit um 1900: Der Wettbewerb untereinander ist knüppelhart und die Bezahlung schlecht. Viele starten mit dem Traum vom Künstler und enden in der Realität als Arbeitsbiene.

Ist das Verhältnis zwischen Bauherren und Architekt ohnehin schon naturgemäß nicht spannungsfrei, so hat sich diese Beziehung in den vergangenen Jahren noch einmal deutlich verschlechtert. Dies hat etwas mit dem Aufkommen der sogenannten Projektsteuerer zu tun. Projektsteuerer treten auf dem Markt der Immobiliendienstleister mit dem Versprechen an, aus dem Ruder gelaufene Baustellen wieder in geordnete Bahnen zurückzuführen – oder, aus ihrer Sicht noch besser, gleich von Baubeginn an dafür zu sorgen, dass eine Baustelle gar nicht erst aus dem Ruder läuft. Mit dieser Rolle als verlängerter Arm des Bauherren drängeln sie sich zwischen Bauherren, Architekt und bauausführende Firma. Verstehen sie das Geschäft auf dem Bau, können sie tatsächlich eine wertvolle Hilfe sein. Verstehen sie es nicht, wird der ohnehin schon große Ärger noch potenziert. Auf jeden Fall ist der Beruf des Projektsteuerers dann am attraktivsten, wenn die Verzweiflung des Bauherren am größten ist.

Die Dreifaltigkeit der Immobilienverwaltung

Ist der Bau erst einmal fertiggestellt, kommen dann die Gruppen der Asset Manager, Property Manager und Facility Manager zum Zuge. Auf sie greifen die Eigentümer eines Gebäudes üblicherweise zurück, um das laufende Geschäft tatsächlich am Laufen zu halten. In der Theorie sind die Geschäftsfelder dieser drei Gruppen klar voneinander abgegrenzt. Der *Asset Manager* ist der direkte Eigentümervertreter. Er hält die Fäden auf Portfolioebene zusammen und führt die Geschäfte im einzelnen Objekt – positioniert es am Markt, ist verantwortlich für die Vermietung, beauftragt die Dienstleister. Der *Property Manager* ist nach der reinen Lehre für die kaufmännische Immobilienverwaltung verantwortlich. Er führt die Buchhaltung und bereitet die Zahlen auf. Der *Facility Manager* wiederum hat die technische Immobilienverwaltung im Blick. Einst gab es dafür den schönen Begriff Hausmeister. Er hat die Haustechnik im Griff, sorgt für glückliche Mieter, weil der Strom fließt, das Wasser läuft und die Anlagen einen gepflegten Eindruck machen.

Über die Jahre hat sich dieses schöne theoretische Gebilde jedoch in der Praxis in einem Begriffswirrwarr aufgelöst. Jetzt bietet der Property Manager auch Vermietung an, was eigentlich vornehmste Aufgabe des Asset Managers ist. Facility Manager trauen sich wiederum zu, wenn sie die Gebäude schon so detailliert wie kein anderer im laufenden Betrieb kennen, auch noch die Buchhaltung für den Eigentümer zu führen. Daher hat es sich inzwischen fast schon erübrigt, bei der Beauftragung von der Bezeichnung im Firmennamen auszugehen. Man muss sich das Leistungsspektrum schon im Detail ansehen. Was alle drei Marktakteure jedoch gemeinsam haben, ist die Dienstleistungsfunktion als Immobilienverwalter für den Eigentümer, der nicht die Zeit oder die Erfahrung hat, sich um die Tücken des Tagesgeschäfts zu kümmern.

Letztlich gehören zu den Marktakteuren auch noch die Immobilienspezialisten aus anderen Berufszweigen: Die Anwälte mit einem Schwerpunkt auf immobiliennahen Rechtsgebieten vom Baurecht bis zur Transaktionsabwicklung; die Software-Entwickler mit einem Schwerpunkt auf die Immobilienbranche; die Ingenieurbüros mit einem Schwerpunkt auf Gebäudeuntersuchungen. Sie alle halten das komplexe Gebilde Immobilienmarkt mit ihrem ganz eigenen Beitrag am Laufen.

Gestritten wird gern darüber, ob auch Bauunternehmen ein Teil der Immobilienbranche sind. Hier gehen die Meinungen teilweise deutlich auseinander. Da sie letztlich aus dem Topf bezahlt werden, den die Kapitalseite unter den Immobilienmarktakteuren aufbringt und mit ihrer Arbeit überhaupt erst die Immobilie erstellen beziehungsweise im Lebenszyklus den Erhalt gewährleisten, wirkt das von der Bauwirtschaft bemühte Ausklammern immer etwas scheinheilig. Sie gehört zur Immobilienwirtschaft im weiteren Sinne.

Alle Marktakteure als Interessenvertretung unter einen Hut zu bringen, ist ein unmögliches Unterfangen. Zu unterschiedlich, zuweilen auch gegensätzlich sind die Interessen. Ein Bestandshalter von Wohnungen hat zum Beispiel kein Interesse daran, dass in seiner unmittelbaren Nachbarschaft neue Wohnungen gebaut werden, weil dies möglicherweise die Mieten bei ihm unter Druck setzen könnte. Ein Bauträger kann dagegen gar nicht genug bauen. Die Folge ist, dass im Gegensatz zu anderen Branchen wie den Automobilherstellern, den Chemiekonzernen, den Banken oder Versicherern die Immobilienbranche nicht mit einer Stimme spricht. Es gibt den Zentralen Immobilien Ausschuss (ZIA), den Bundesverband deutscher Wohnungs- und Immobilienunternehmen (GdW), den Bundesverband Freier Immobilien- und Wohnungsunternehmen (BFW), den Bundesverband der Immobilienberater, Makler, Verwalter und Sachverständigen (IVD), den Dachverband Deutscher Immobilienverwalter (DDIV), den Eigentümerverband Haus & Grund und natürlich den Mieterbund für die Marktgegenseite – um nur einmal die größten Verbände zu nennen.

Das ist durchaus problematisch in der politischen Lobbyarbeit – vor allem auf Bundesebene. Keine schlagkräftige Organisation, keine schlagkräftigen Argumente – deshalb ist immer wieder zu beobachten, dass Gesetzesvorhaben eher zu Lasten der Immobilienbranche als zu Lasten der Autobauer in Deutschland gehen. So schnell wird sich daran leider nichts ändern. Denn es sind gleich zwei strukturelle Probleme, die die Immobilienwirtschaft mit sich herumschleppt. Erstens: Die Unternehmenslandschaft ist extrem kleinteilig. Und zweitens: Es gibt die beschriebene bunte Vielfalt an Marktakteuren, die noch dazu überwiegend lokal, manchmal regional und kaum überregional organisiert sind. Das macht es leider schwierig, die beliebten Vorurteile gegenüber der Immobilienbranche aus der Welt zu schaffen. Auf den Gesamteindruck kommt es noch zu wenigen Marktakteuren an.

3. Keine Immobilie ist eine Insel

Immobilienmärkte sind verbunden.
Letztlich werden Nutzungen nachgefragt – und so stehen zweitbeste Angebote in Konkurrenz mit den besten und drittbesten Angeboten. Wer in Harvestehude keine Wohnung findet, schläft in der Regel nicht unter einer Brücke, sondern in Eppendorf, Winterhude oder Wandsbek. Mietsteigerungen in einer Lage können somit durch andere Märkte ausgelöst werden.

In unserem ersten Kapitel haben wir schon argumentiert, dass es bei der monetären Bewertung von Immobilien nur mittelbar um Steine und Zement oder um Dämmstoffe und Internetanbindungen oder um die Nähe zu Infrastruktureinrichtungen oder Einkaufsgelegenheiten geht. Alle baulichen Gebäudeeigenschaften und Standortmerkmale erhalten erst einen monetären Wert, wenn sie Immobiliennutzern als wertvoll erscheinen. Je genauer mit einer Immobilie die Bedürfnisse und Vorlieben eines konkreten Nutzers getroffen werden, umso höher ist auch der Wert des Objekts für den Nutzer.

Nun sind Nutzer so etwas wie Schneeflocken: Alle sehen irgendwie ähnlich aus, sind aber doch völlig unterschiedlich. Die Vielfalt auf den Immobilienmärkten ist daher nicht in erster Linie ein Ausdruck des Ideenreichtums von Architekten, Stadtplanern und Projektentwicklern. Sie spiegelt vielmehr die Vielfalt der Nutzer von Wohnungs-, Büro- und Einzelhandelsimmobilien wider. Die Kreativität von Architekten und Projektentwicklern hilft freilich, latente Bedürfnisse an die Oberfläche zu bringen.

Aus diesem Umstand leiten viele Anleger ab, dass eine Immobilieninvestition vor Entwicklungen auf anderen Märkten weitgehend geschützt ist, weil das Objekt eben so unglaublich spezifisch konzipiert ist. Wenn man also alles richtig macht, dann ist man vermeintlich vor dem Auf und Ab an anderen Märkten weitgehend gefeit. Doch was hat die Nachfrage nach Wohnraum in Chemnitz mit jener in München oder Hamburg oder sogar mit der Preisdynamik auf den Märkten für Eigenheime in Iowa oder Arizona zu tun? Warum sollten Projektentwickler und Bauherren für Einkaufszentren auch auf die Marktdynamik von Büromärkten in anderen Städten oder Ländern achten? Wenn zum Beispiel in Schanghai oder Guangzhou ein paar zehntausend Wohnungen zu viel gebaut worden sind oder die Mietrendite auf 2 Prozent abstürzt – ist das für Europäer nicht der berühmte Sack Reis, der in China umfällt?

Oder gibt es nicht doch Verbindungen zwischen all diesen Märkten, die sich entweder systematisch feststellen und analysieren lassen beziehungsweise die zufällig entstehen? Ganz so wie der nicht minder berühmte Schmetterlingsschlag in Asien, der nach einer quasi-chaotischen Wirkungskette am anderen Ende der Erde einen Orkan auslöst.

Im Gleichschritt – Marsch!

Nun soll es an dieser Stelle aber nicht schwerpunktmäßig um die Macht nicht vorhersehbarer Ereignisse gehen. Allerdings sind die damit verbundenen Lehren für Immobilienanleger keineswegs unwichtig. Ein Risikopuffer für Unvorhersehbares ist durchaus sinnvoll. Nassim Taleb hat in seinem Buch „Der Schwarze Schwan" im Jahr 2008 eindrucksvoll und raumgreifend nachgewiesen, dass Investoren sehr häufig die großen und besonders unwahrscheinlichen Eventualitäten und deren Folgen für das eigene Investment hoffnungslos unterschätzen. Im Volksmund heißt dies – weit weniger raumgreifend: „Es kommt immer anders, als man denkt."

Aufmerksamen Cineasten dürfte die Grundidee der Schwarzen Schwäne und ihre Bedeutung für Immobilienprojekte spätestens seit den Ausführungen von Dr. Ian Malcolm zur Chaostheorie im Jahr 1993 vertraut sein. Während die Worte des Chaosforschers auf einer entlegenen Insel noch nachhallen, sorgt eine Verkettung höchst unglücklicher und unwahrscheinlicher Zufälle (korrupter Mitarbeiter an zentraler IT-Schnittstelle, Unwetter, kleine Kragenechse auf dem Weg usw.) dafür, dass sich die erwarteten Einnahmen aus dem Immobilienprojekt „Jurassic Park" für den Investor John Hammond innerhalb kürzester Zeit in Luft auflösen. Weil aber Unvorhersehbares naturgemäß nun einmal schwer zu prognostizieren ist, wollen wir es mit dem Hinweis bewenden lassen, dass sich Investoren dieser Macht des Unkalkulierbaren immer bewusst sein sollten.

Wichtiger für die weitere Argumentation ist uns, dass viele Immobilienmärkte sehr ähnlichen Entwicklungen unterworfen sind. Um dies zu veranschaulichen, haben wir die Schwankungen der Wohnungspreise in knapp 130 deutschen Städten seit 1990 untersucht. Es wurden Städtepaare gebildet, und für jedes dieser Städtepaare wurde der Gleichlauf der Veränderungsraten der Wohnungspreise berechnet. Zunächst kamen rund 8.500 Wertepaare zusammen. Um den Gleichlauf von zwei Datenreihen zu bestimmen, berechnet man sogenannte Korrelationskoeffizienten. Der Korrelationskoeffizient misst, wie ähnlich sich zwei Datenreihen – hier die jährlichen Veränderungsraten der Wohnungspreise für Neubauwohnungen in den zurückliegenden 23 Jahren – entwickelt haben.

Die Werte, die er anzeigen kann, liegen zwischen – 1 und + 1. Ein Wert von +1 bedeutet, dass zwei Datenreihen in einem festen positiv-linearen Verhältnis stehen. Für die zwei Städte Bamberg und München wäre dies zum Beispiel der Fall, wenn die Wohnungspreise in Bamberg in jedem Jahr halb so stark ansteigen wie jene in München. Ein Korrelationskoeffizient von – 1 wäre dann zu verzeichnen, wenn die Preisentwicklungen ebenfalls in einem festen linearen Verhältnis stehen, diese Beziehung aber negativ ist. In unserem fiktiven Beispiel sieht das dann so aus, dass die Wohnungspreise in Bamberg um 2 Prozent fallen, während jene in München um 1 Prozent stiegen – und diese Relation gilt in jedem einzelnen der untersuchten 23 Jahre. Schließlich bedeutet ein Korrelationskoeffizient von null, dass es überhaupt keine lineare Beziehung zwischen den beiden Märkten gibt. Diese Märkte bezeichnet man dann als vollständig unkorreliert.

Der mittlere Korrelationskoeffizient für alle 8.500 Städtepaare lag für den untersuchten Zeitraum bei fast 0,5. Für nicht einmal 200 Städtepaare wurden Werte von null oder kleiner ermittelt. Das heißt also, für die allermeisten Städtepaare in Deutschland lässt sich ein positiver Zusammenhang zwischen den jeweiligen Wohnungspreisentwicklungen in den vergangenen 23 Jahren feststellen. Auch zwischen der Entwicklung von den Preisen für Neubauwohnungen und jenen für Bestandswohnungen sowie zwischen der Entwicklung von Wohnungs- und Einfamilienhauspreisen konnten signifikante positive Beziehungen für die allermeisten Städtepaare in Deutschland ermittelt werden.

Die regionalen Wohnungsteilmärkte bewegen sich also häufig so, als wären sie wie die einzelnen Knoten in einem Netz miteinander verbunden. Allerdings ist bei der Interpretation solcher Korrelationen Vorsicht geboten. Denn ein positiver Zusammenhang sagt überhaupt nichts über den Grund des Gleichlaufs aus. Hinzu kommt, dass Korrelationen immer von stabilen und linearen Beziehungen ausgehen. Doch Beziehungen zwischen Wirtschaftsgrößen können sich ändern und sie müssen natürlich nicht ausgerechnet den einfachsten mathematischen Gesetzmäßigkeiten unterworfen sein, nur weil das menschliche Gehirn so gerne in stabilen, linearen Bezügen denkt.

Der beobachtete Gleichlauf der Preise mag zunächst überraschen, denn die Preisentwicklungen in München, Berlin oder Suhl waren auf den ersten Blick sehr unterschiedlich. In Suhl in Südthüringen stürzten die Wohnungspreise nach der ersten Wiedervereinigungseuphorie jäh ab. Aber auch in München gaben die Wohnungspreise in diesem Zeitraum spürbar nach – wenn auch von einem deutlich höheren Niveau. Tatsächlich fällt der Korrelationskoeffizient selbst für das Städtepaar Suhl und München mit 0,2 für den gesamten Untersuchungszeitraum und mit immerhin 0,5 für die Zeit nach 2000 recht hoch aus. Natürlich ist Bonn nicht Weimar und Suhl nicht München. Doch bei aller Unterschiedlichkeit der Marktdynamik lassen sich relativ enge Beziehungen selbst für so unterschiedliche Städte berechnen.

Aus der Beobachtung lassen sich drei wichtige Schlussfolgerungen ableiten:

Erstens sind regionale Immobilienmärkte miteinander verbunden. Dies lässt sich meistens auf die im Hintergrund wirkenden makroökonomischen Treiber zurückführen. Anleger sollten die Macht dieser Treiber nicht unterschätzen.

Zweitens wirken sich diese Treiber sowohl auf regional als auch auf funktional getrennte Märkte aus. Sie halten die Marktentwicklungen wie die Zentripetalkräfte einer Kreiselbewegung innerhalb eines bestimmten Feldes. Dies hat auch mit Arbitrageprozessen, also den Ausgleichsprozessen von sehr vielen Marktakteuren zu tun, auf die wir noch zu sprechen kommen.

Drittens kann sich trotz der festgestellten Korrelation gleichwohl die Suche nach der richtigen Immobilie am richtigen Standort in der richtigen Stadt lohnen.

Makroökonomische Treiber

Kommen wir zunächst zu den zentralen makroökonomischen Treiberfaktoren. Der wichtigste ist aus immobilienwirtschaftlicher Sicht die Entwicklung des verfügbaren Einkommens. Denn die Nachfrage nach Wohnraum reagiert einkommenselastisch. Das bedeutet, dass mehr und qualitativ höherwertiger Wohnraum nachgefragt wird, wenn die Einkommen steigen. Genauso wie höherwertige Socken gekauft werden, wenn es das Gehalt zulässt. Oder wenn nach einer Gehaltserhöhung unsere bessere Hälfte zur Feier des Tages in ein Sternerestaurant ausgeführt wird – und nicht nur zum Italiener um die Ecke. Zwar reagiert die Sockennachfrage nicht ganz so zeitnah auf eine Gehaltserhöhung wie die Nachfrage nach Restaurantbesuchen. Aber gerade dieser zeitlich verzögerte Effekt rückt die Sockennachfrage analytisch näher an die Nachfrage nach Wohnraum heran. Auch für die Wohnungsnachfrage gilt, dass wir nach einer Gehaltserhöhung nicht gleich zum Notar rennen, um einen Kaufvertrag unter Dach und Fach zu bekommen.

Nun entwickeln sich die Einkommen in München oder Suhl nicht immer gleich schnell, sonst hätten sich nicht die gewaltigen Einkommensunterschiede zwischen den beiden Städten aufbauen können. Das Statistische Bundesamt hat für das Jahr 2011 festgestellt, dass die verfügbaren Einkommen je Einwohner in München mehr als 27 Prozent über denen in Suhl liegen. Dabei ist weder München der einkommensstärkste Flecken in Deutschland, noch ist Suhl der einkommensschwächste.

Zwei wichtige Randbemerkungen seien an dieser Stelle eingeschoben, da sie Analysefehler vermeiden helfen. Erstens erscheint der ausgewiesene Unterschied der Pro-Kopf-Einkommen zwischen München und Suhl mit 27 Prozent zwar hoch. Aber so manchen Großstädter mag es verwundern, dass er nicht noch größer ist. Schließlich sind doch die Einkommen in München deutlich höher als in Südthüringen. An dieser Stelle ist es jedoch wichtig, Primareinkommen und verfügbare Einkommen zu unterscheiden. Primäreinkommen sind jene Einkommen, die privaten Haushalten in erster Linie aus Arbeits- und Vermögenseinkommen im Inland zufließen. Diese sind tatsächlich in München 80 Prozent höher als in Suhl. Doch neben den Arbeits- und Vermögenseinkommen spielen Transfers und Steuern eine wichtige Rolle. Erst nach dem Zugriff der öffentlichen Hand kann von den verfügbaren Einkommen gesprochen werden, die für den Wohnungsmarkt relevant sind. Und diese liegen eben für die beiden Orte nicht mehr als 27 Prozent auseinander.

Die zweite wichtige und möglicherweise auch überraschende Randbemerkung: Die verfügbaren Einkommen je Einwohner nahmen in München von 2000 bis 2011 um rund 18 Prozent zu. Das ist ordentlich, aber Suhl kann gleichzeitig über 30 Prozent vorweisen. Wer also allein aus dem ortsüblichen Gehaltsniveau auf die Attraktivität einer Wohnlage und künftige Wertsteigerungen schließen möchte, könnte in zweifacher Hinsicht einen großen Fehler machen: Er unterschätzt zum einen die Macht der staatlichen Umverteilungsprogramme, und zum anderen den Umstand, dass ein hohes Gehalt nicht automatisch hohe Gehaltssteigerungen bedeutet. Eine Erfahrung, die wohl jeder nach einem Karriereschritt schon einmal gemacht hat: Das Einkommen steigt zunächst, im folgenden Jahr nimmt der Zuwachs jedoch in der Regel ab.

Es ist ein entscheidender Punkt, dass die Entwicklung der regionalen Wachstumsraten in hohem Maße auch mit der gesamtdeutschen Wachstumsrate der verfügbaren Einkommen beziehungsweise des Bruttoinlandsprodukts verbunden ist. Wenn die deutsche Wirtschaft wächst, profitieren davon üblicherweise sowohl die Münchener als auch die Suhler Wirtschaft. In ähnlicher Weise sorgen sinkende Zinsen für Baugeld für einen makroökonomischen Schub, weil die Finanzierungskosten für alle Immobilieninvestoren im Lande sinken. Bei allen regionalen Unterschieden in der Stärke dieser Wirkungsmechanismen ist zumindest die Wirkungsrichtung für alle Städte identisch. Als dritter zentraler Bestimmungsfaktor sind demografische und gesellschaftliche Trends zu nennen.

Für angrenzende regionale Teilmärkte gilt, dass sie auch jenseits der gesamtwirtschaftlichen Verbundenheit nicht getrennt voneinander betrachtet werden können. Die Wohnungssuche zwingt immer zu Kompromissen. Sie fängt im Wunschviertel an. Wenn es nichts gibt oder die aufgerufenen Mieten zu hoch sind, fällt der Blick unmittelbar auf die benachbarten Quartiere. Wenn zum Beispiel die Mieten in Frankfurt zu hoch sein sollten, lässt sich preiswerterer Wohnraum in Offenbach im Osten oder in Dreieich im Süden von Frankfurt finden. Ein Nachfrageanstieg in Frankfurt sorgt also nicht nur dort für steigende Mieten, sondern indirekt auch in den benachbarten Kommunen. Weil wiederum jeder regionale Teilmarkt an einen anderen regionalen Teilmarkt grenzt, ließe sich theoretisch eine sehr lange Wirkungskette aufzeichnen, die vom Frankfurter Westend bis nach Hamburg-Harvestehude reicht. Praktisch nachweisen ließe sich ein solcher Effekt allerdings kaum. Denn er wäre so mikroskopisch klein, dass er im Rauschen vieler anderer indirekter Effekte, etwa aus den näher gelegenen Lüneburg und Kiel, unterginge.

Märkte im Windschatten

Die zweite wesentliche Schlussfolgerung aus den beobachteten Korrelationen war, dass nicht nur regional auseinander liegende Märkte miteinander verbunden sind, sondern sogar scheinbar funktional getrennte Märkte. Aus den zuvor skizzierten regional wirkenden Effekten lässt sich rasch schließen, dass ähnliche Prozesse auch für Objektmerkmale gelten sollten. Ob man ein Einfamilienhaus oder eine Etagenwohnung erwerben möchte, hat eben nicht nur etwas mit den Vorlieben des Käufers zu tun, sondern auch mit den relativen Preisen. Wenn Einfamilienhäuser in Frankfurt unerschwinglich geworden sind, prüfen die Interessenten wohl eher den Erwerb einer Etagenwohnung in Frankfurt als den Kauf eines Einfamilienhauses in Quedlinburg. Wenn die Preise für Altbauwohnungen in aufwendig renovierten Jugendstilhäusern mit sechs Zimmern und zwei Balkonen zu hoch erscheinen, dann wird eben danach geschaut, ob es sich auch in einer Vierzimmerwohnung aus den 1960er Jahren gut leben ließe. Auf diese Weise sickern Preissteigerungen aus dem Luxussegment in das Marktsegment für gehobene Wohnansprüche und von dort in das mittlere Wohnungsmarktsegment durch.

Solche Prozesse können sich sogar verstärken, wenn etwa angesichts eines Überangebots an Luxuswohnungen die kalkulierten Mieten nicht realisierbar sind. Als unmittelbare Folge unterbleiben Investitionen in den Bestand, womit wiederum die Qualität des Objekts sinkt. Solche Filterprozesse sind offen, das Ergebnis funktionierender Märkte ist sowohl von oben nach unten als auch in umgekehrter Richtung möglich. Doch niemals sind diese Prozesse schnell oder gar vollkommen. Das heißt, ein übermäßiger Neubau von Luxuswohnungen kann akut nur wenig dabei helfen, die Knappheit bei den einfachen Wohnungen zu lindern. Als vollständiger Ersatz für den Neubau erschwinglichen Wohnraums kann solch ein „Luxusproblem“ schon gar nicht herhalten.

Dass diese Sickerprozesse im Normalfall sehr langsam ablaufen, liegt zum einen daran, dass es sinnvoll sein kann, eine Wohnung erst einmal taktisch leer stehen zu lassen und auf bessere Marktbedingungen zu einem späteren Zeitpunkt zu setzen. Zum anderen besteht der Wohnungsmarkt eben aus sehr vielen Teilmärkten. Wenn dann auf jeder Stufe Vermieter ähnliche strategische Überlegungen anstellen, kommt es zu erheblichen Verzögerungen bei der zu erwartenden Wirkung. Daher können sich Wohnungspolitiker nicht darauf verlassen, dass das Überangebot auf einem Teilmarkt die Übernachfrage auf einem anderen rasch auffangen kann.

Solche Verbundeffekte beschränken sich keineswegs nur auf Objekte einer einzelnen Immobilienklasse. Auch zwischen Wohnungs- und Büromärkten oder zwischen Einzelhandels- und Wohnungsmärkten gibt es Verbundeffekte. Dies mag auf den ersten Blick ungewöhnlich erscheinen, denn nach einer fehlgeschlagenen Wohnungssuche wird als Alternative keine Lagerhalle angemietet. Darum geht es aber auch nicht. Es geht vielmehr darum, dass Gewerbeimmobilienmärkte teilweise durch sehr ähnliche makroökonomische Faktoren bestimmt werden wie Wohnungsmärkte. So führt Wirtschaftswachstum zu steigenden Einkommen und gleichzeitig auch zu einer sinkenden Arbeitslosenquote. So ist also eine größere Nachfrage nach Wohnraum häufig auch mit einer größeren Nachfrage nach Büro- und Einzelhandelsflächen verbunden. Auch der schon beschriebene Zinseffekt beschränkt sich natürlich nicht allein auf die Wohnungsmärkte.

Für die Investmentmärkte kommt ein weiterer Aspekt hinzu – dass nämlich Immobilieninvestoren über die Grenzen der einzelnen Objektarten hinweg nach Kaufgelegenheiten suchen. Wenn etwa die Preise für Büroräume in Frankfurt sehr hoch erscheinen, werden sich ein paar Büroinvestoren ernsthaft überlegen, ob sie nicht vielleicht lieber in attraktiv gepreiste Wohnungen in Bremen investieren. Solche Arbitrageprozesse sind erst vorüber, wenn die Preise in allen Objektarten und in allen Lagen jeweils auf Basis der heute erzielbaren und in Zukunft zu erwartenden Mieten sowie unter Abwägung von bestehenden Risikofaktoren als fair erachtet werden.

Diese zwei Mechanismen – makroökonomische Verbundenheit und Arbitragegeschäfte (internationaler) Investoren – sorgen auch dafür, dass Immobilieninvestoren in Deutschland die Entwicklung auf den internationalen Immobilienmärkten im Auge behalten müssen. Eine schmerzhafte Lektion war diesbezüglich die Finanz- und Wirtschaftskrise in den letzten Jahren, die durch das Platzen einer Blase auf dem US-Wohnungsmarkt ausgelöst wurde. Die Wohnungsmärkte in den USA, Spanien, Großbritannien, Irland, Dubai, Frankreich, den baltischen Staaten, Island und vielen anderen Ländern der Erde markierten fast zeitgleich ihre zyklischen Höhepunkte – und brachen dann fast gleichzeitig binnen weniger Quartale zwischen 10 und 50 Prozent ein. Dass die gewaltigen Fehlentwicklungen in Spanien, Irland, Island oder Dubai diese Immobilienmärkte parallel zu dem Knall der geplatzten Preisblase in den USA auf die Intensivstation gekommen waren, war letztlich kein Zufall. Bereits im Jahr 2004 wurde in einem Bericht des Internationalen Währungsfonds und 2003 in einem Bericht der Europäischen Zentralbank darauf aufmerksam gemacht, dass sich die Wohnungsmärkte in vielen Industrieländern stärker als in der Vergangenheit im Gleichlauf bewegen. In dem Bericht des IWF heißt es, dass globale Bestimmungsfaktoren im Durchschnitt 40 Prozent der Bewegungen auf den nationalen Wohnungsmärkten erklären können.

Zwischen Idiosynkrasie und Idiotie

Bei der dritten wesentlichen Erkenntnis aus der Korrelationsanalyse der deutschen Wohnungsmärkte ging es schließlich darum, dass es sich ungeachtet aller Verbundeffekte lohnt, nach einer geeigneten Immobilie am richtigen Standort zu suchen. In der bereits zitierten Studie des IWF wurden daher zu Recht neben den gemeinsamen globalen Bestimmungsfaktoren auch die trennenden länderspezifischen, die sogenannten idiosynkratischen Effekte, genannt. Letztlich muss man das Argument des IWF jedoch noch viel weiter fassen, denn die einzelnen Standorte, ja sogar einzelne Immobilien innerhalb einer Stadt können idiosynkratischen Faktoren unterworfen sein, also Faktoren, die nur diesen Markt beziehungsweise diese Immobilie betreffen.

Steigen die Mieten und Preise in München beispielsweise jedes Jahr doppelt so schnell wie jene in Kiel, so suggeriert eine enge Korrelationsbeziehung, dass es egal ist, wo man in München investiert. Doch das ist es natürlich nicht. Außerdem sind alle Korrelationsanalysen immer rückwärtsgewandt und erklären uns die Beziehungen von gestern. Ob die Beobachtung auch morgen und übermorgen noch gilt, steht auf einem anderen Blatt. Jedes Objekt schreibt letztlich seine eigene Geschichte. Die Nutzungsmöglichkeiten werden nicht vom Markt diktiert. Sie hängen auch von der Vision und dem Geschick des Projektentwicklers, des Asset Managers und deren Partnern ab. In den Projektarbeiten, die Studierende zum Beispiel an der IREBS am Ende des Kontaktstudiums Immobilienökonomie anfertigen, ist immer wieder zu sehen, dass Projektgruppen dasselbe Objekt zur Bearbeitung wählen und trotzdem zu sehr unterschiedlichen Lösungen mit sehr unterschiedlichen Renditeerwartungen kommen.

Es ist daher nicht so, dass die Verbundenheit der Märkte keine Handlungsspielräume für Immobilienmarktakteure lässt. Sie müssen aber bei aller Liebe zu ihren Projekten die Risiken der nationalen und internationalen Marktbewegungen sehr ernst nehmen. Wenn sie das tun, können sie manchmal systematische, manchmal eher idiosynkratische Chancen nutzen. Ansonsten gehen sie möglicherweise idiotische Risiken ein.

4. Vermietungs- und Investmentmärkte gehören zusammen

Immobilienmärkte lassen sich in Vermietungs- und Investmentmärkte unterscheiden.
Diese beiden Märkte stehen in unmittelbarer Wechselwirkung zueinander. Welche Mechanismen dabei auftreten, ist keinen Zufällen unterworfen. Sie lassen sich in übersichtlichen Modellen nachvollziehen.

Was ist der Wert einer schönen Erinnerung? Was ist zum Beispiel der Wert eines Sonnenuntergangs, den wir als magischen Moment vom Balkon eines Urlaubshotels aus bestaunt haben? Was ist der Wert eines gemütlichen Frühstücks an einem Sonntagmorgen zu Hause? Was ist der Wert einer Besichtigungstour durch die historische Altstadt von Erfurt? Was ist für religiöse Menschen der Wert eines Gottesdienstes in einer festlich geschmückten Kirche? Leser mit einem hohen Erinnerungsvermögen für Werbetexte werden sofort etwas von „priceless“ murmeln. Leser ohne dieses Talent könnten versucht sein, über „blöde Fragen“ zu schimpfen. Doch es ist weder das eine noch das andere.

Wir möchten vielmehr deutlich machen, dass Immobilien neben ihren Kernfunktionen – für Wohnimmobilien sind dies Sicherheit, Geborgenheit und Privatheit – zusätzlich viele andere Werte schaffen können. Schauen wir noch einmal auf die genannten Beispiele: Für schöne Urlaubserinnerungen und ein gemütliches Frühstück sind wir gerne bereit, Geld zu bezahlen. Solche Erwartungshaltungen lassen sich deshalb leicht über Märkte abbilden. Jemand mit einem Faible für Sonnenuntergänge ist durchaus bereit, für Hotels mit einem exzellenten Blick auf westliche Horizonte etwas mehr zu zahlen als für ein innerstädtisches Hotel mit dem Balkon in Richtung Hinterhof. Und Menschen, denen ein familiäres Frühstück wertvoll ist, zahlen für behagliche Raumstrukturen in ruhiger Lage möglicherweise mehr als für andere Wohnungen. Gleichzeitig stiften Gebäude auch Nutzen, die nicht über Märkte realisiert werden können. Die Vermieter von Erfurter Altstadtwohnungen können vielleicht wegen des historischen Charmes mehr Miete verlangen. Doch für die Freude der Touristen, die sich an den historischen Fassaden ebenfalls erfreuen, bekommen weder der Vermieter noch der Mieter eine Kompensation. Und eine stimmungsvolle Messe in einem festlich geschmückten Gotteshaus kann auch durch Nicht-Kirchensteuerzahler erlebt und geschätzt werden.

Bei diesen Beispielen handelt es sich um sogenannte (positive) externe Effekte. Das sind Werte, die Märkte eben nicht angemessen berücksichtigen. Im Falle positiver externer Effekte erhält der Anbieter nur eine Zahlung seines direkten Kunden, nicht aber von den trittbrettfahrenden Touristen. Daran sollte man im nächsten Urlaub bei jedem Foto von einem schönen Gebäude oder von eindrucksvollen Straßenzügen denken: Bei jeder dieser Aufnahmen wird man zum Nutznießer positiver externer Effekte, die nicht über Märkte abgegolten wurden. So macht der Urlaub gleich noch mehr Spaß – man bekommt schließlich andauernd etwas geschenkt.

Weil jedoch die Welt der externen Effekte undurchsichtig ist und Investoren keine Anreize zum Handeln liefert, lassen wir sie schnell hinter uns. Doch was bestimmt nun eigentlich den Wert von Immobilien auf Märkten? Den Anfang macht der Vermietungsmarkt. Dort gehen wir zunächst davon aus, dass es zwei Gruppen von Marktakteuren gibt: Vermieter und Mieter, die auf einem funktionierenden Markt mit hoher Transparenz und schneller Reaktion Wohnungen unterschiedlicher Qualität anbieten und nachfragen – auch wenn in der Wirklichkeit die Immobilienmärkte in Deutschland von hoher Transparenz noch weit entfernt sind.

Der Preis als Fieberthermometer für den Markt

Letztlich funktioniert dieser stilisierte Vermietungsmarkt dem Grunde nach so wie die Märkte für Gummibärchen, Sportwagen oder Justin-Bieber-Konzertkarten: Es gibt ein Angebot für und eine Nachfrage nach diesen Gütern. Die Marktmiete für einen bestimmten Immobilientyp ist dann genau jener Marktpreis, zu dem die Anbieter niemanden mehr finden, der bereit ist, mehr für diese Wohnung zu bezahlen – und die Nachfrager niemanden mehr finden, der ihnen dieses Objekt günstiger vermietet.

Nicht berücksichtigt ist dabei, dass in der realen Welt Immobilien sehr unterschiedlich sind. Das erschwert das Ganze. Für jede Stadt gibt es letztlich Dutzende von Marktpreisen – eben für jede Qualität einen. Auch lässt sich das Angebot nicht rasch ausweiten oder reduzieren. Der Genehmigungs- und Bauprozess für eine Wohnung braucht mitunter Jahre. Das ist wiederum problematisch, weil neue Mieter sehr plötzlich in einer Stadt auftauchen können oder bei steigenden Mieten plötzlich kleinere Wohnungen sehr gefragt sind. Die Wohnungsnachfrage ist bekanntermaßen einkommenselastisch, reagiert also auf Änderungen der Einkommen. Nun kommt noch hinzu, dass die Nachfrage auch auf Preisänderungen reagiert – und das ebenfalls deutlich zügiger als das Angebot. Ökonomen sprechen davon, dass die Marktnachfrage preiselastischer ist als das Wohnungsangebot. Dies gilt zumindest kurzfristig, denn innerhalb von mehreren Jahren reagiert natürlich auch die Angebotsseite auf Preisänderungen.

Die Miete ist sozusagen das Fieberthermometer für den Markt: Steigt sie sehr schnell, gibt es offenbar im jeweiligen Marktsegment mehr Wohnungssuchende als passende Wohnungen. Sinkt die Miete, gibt es offensichtlich ein Überangebot. Wie alle Preise übernimmt die Miete so eine zentrale Informations- und Allokationsfunktion. Der Preis regelt die Zuteilung. Jeder Eingriff in den Marktmechanismus muss daher sehr gut begründet sein, denn letztlich wird die Informations- und Zuteilungsfunktion gestört.

Doch wie steht es dann mit den Kaufpreisen für Eigentumswohnungen oder Einfamilienhäuser? Diese Wohnungen werden schließlich mit einer ähnlichen Intention wie die Mietwohnungen genutzt. Steht also dieser Kaufpreis sozusagen als zweite Information neben der Miete für den Markt für Immobiliennutzungen? Auf den ersten Blick scheint dies so zu sein. Man könnte es deshalb auch als Ausdruck zweier getrennter Märkte sehen. Auf Basis der vorhandenen Präferenzen wohnt Familie Schmitz lieber zur Miete und Familie Söderblöm lieber in den eigenen vier Wänden.

Ein Preis entsteht

Doch es lohnt sich ein genauerer Blick auf das Zustandekommen des Wohnungspreises. Letztlich lässt er sich in zwei Komponenten aufteilen: In den Teil der impliziten, sozusagen eingesparten Mietzahlungen, und den Teil, der darüber hinausgeht und der Kapitalbildung dient. Doch bevor der Eindruck entsteht, dass der Hauskauf immer das Wohnen zur Miete schlägt, weil der Hauskäufer neben den gesparten Mieten auch noch Vermögen aufbaut, kommt hier der wichtige Hinweis, dass natürlich auch Mieterhaushalte Kapital bilden. Dieses landet dann nicht in den eigenen vier Wänden, sondern in anderen Anlageformen: Aktien, Anleihen, Lebensversicherungen, Fonds. Würden Mieterhaushalte ähnlich viel sparen wie Eigentümerhaushalte und würden sie ihre Anlagen in ähnlich verzinste Anlagen investieren, könnten sie im Alter leicht ihre Mieten bezahlen – und hätten ebenfalls Vermögen aufgebaut.

Nun gibt es allerdings empirische Hinweise darauf, dass Eigentümerhaushalte in Deutschland im Alter nicht nur mehr Gesamtvermögen besitzen, sondern oft auch mehr Geldvermögen – selbst wenn Haushalte mit ähnlichen Haushaltseinkommen verglichen werden. Dieser erstaunliche Umstand lässt sich wohl insbesondere darauf zurückführen, dass die Immobilienanlage viel mehr zum Sparen diszipliniert als ein Aktienfonds. Der Verkauf der eigenen vier Wände schmerzt allein schon wegen der damit verbundenen Transaktionskosten viel mehr als der Verkauf eines Fondsanteils. Damit bleiben die Ersparnisse gebunden und werden nicht aus einer Laune heraus für den Konsum verwendet.

Die Immobilienanlage gilt vielen Anlegern als sicherer als die Aktienanlage, aber eben als risikobehafteter als das Sparbuch oder eine Lebensversicherung. Eine Immobilienanlage motiviert Mieterhaushalte nun, in ihrem Anlageportfolio die Rendite-Risiko-Kurve (etwas) nach oben zu schieben. Für langfristige Pläne ist das oft sinnvoll. Zudem könnten sich Mieter- und Eigenheimhaushalte systematisch in ihren Einstellungen und Lebensplanungen unterscheiden: Möglicherweise sind typische Eigenheimhaushalte eben vorsichtiger und sparen grundsätzlich mehr.

Doch zurück zur Ermittlung des Wohnungspreises. Ähnlich wie in der Unternehmensbewertung, wo sich der Wert einer Beteiligung letztlich aus den erwarteten zukünftigen Gewinnen ableiten lässt, entspricht der Wert einer

Immobilie – und damit idealerweise auch der Preis – der Summe aller zukünftigen Mietzahlungen. Diese müssen dann noch mit einem geeigneten Zinssatz auf den heutigen Wert zurückgerechnet werden. Dieser Kapitalisierungszins, man spricht auch vom Liegenschaftszins, zeigt letztlich die Kapitalbildungskomponente auf dem Markt für Immobilieninvestitionen an. Zusätzlich, das hat der amerikanische Ökonom James Poterba gezeigt, müssen noch für die Immobilienmärkte bei der Beziehung zwischen Miete und Wohnungspreis Abschreibungen, eine mögliche Wertsteigerung sowie die Eingriffe der öffentlichen Hand in Form von Steuern und Subventionen berücksichtigt werden.

Steigen die Mieten, können Wohneigentümer mehr Miete sparen als zuvor. Das führt über den Kapitalisierungszins unmittelbar zu höheren Wohnungspreisen. Über dieses Modell sind also die Vermietungsmärkte und die Investmentmärkte eng miteinander verbunden. Die Formel lautet: Je mehr Miete eingespart werden kann, desto attraktiver ist ein Objekt und desto höher könnte folglich auch der Preis für das Kaufobjekt sein – steuerliche Aspekte sowie veränderte Abschreibungsregeln und Gründe für einen anderen Kapitalisierungszins außen vor gelassen.

Höhere Mieten, höhere Preise – meistens

Um die Attraktivität eines Objekts abzubilden, ziehen Wohnungsinvestoren den Vervielfältiger heran. Das ist die Relation aus dem Kaufpreis und der Jahresmiete zum Zeitpunkt des Vertragsabschlusses. Mysteriöserweise verwendet man den Vervielfältiger überwiegend nur in der Wohnungswirtschaft, während in der gewerblichen Immobilienwirtschaft die Mietrendite herangezogen wird. Das ist indes nichts anderes als der Kehrwert des Vervielfältigers, also die Jahresmiete in Relation zum Kaufpreis. Ein steigender Vervielfältiger geht einher mit einer sinkenden Mietrendite. Die Mietrendite ist gleichzeitig die Auszahlungsrendite einer Immobilieninvestition, ähnlich der Dividende bei einer Aktienanlage. Die Mietrendite zusammen mit der Wertänderung einer Immobilie ergibt dann die Gesamtrendite der Immobilienanlage.

Wichtig ist aber vor allem: Die Mietrendite ist das Maß für die gesparte Miete. In einem Gespräch mit einem Bankmitarbeiter war einmal zu erleben, dass dieser Zusammenhang nicht immer verstanden wird. Dieser Mitarbeiter wollte eine Immobilienanlage so vorteilhaft rechnen, dass er neben der Mietrendite und einer Wertsteigerung auch noch die im Alter gesparte Miete als zusätzliche dritte Renditekomponente einbeziehen wollte. Das wäre allerdings eine Doppelzählung – und ist deshalb nicht zulässig.

Auf den ersten Blick ist also ein niedriger Vervielfältiger sehr attraktiv. Doch warum zahlen dann Hauskäufer in München das 30-Fache der Jahresmiete für ein Objekt, wenn sie auch Objekte zum 10-Fachen in kleineren Städten in Sachsen-Anhalt erwerben können? Der Vervielfältiger spiegelt nur die aktuellen Mieteinnahmen wider. Mit Blick auf die in

Zukunft zu erwartenden Mieteinnahmen ist deshalb ein sehr hoher Vervielfältiger nur dann gerechtfertigt, wenn es quasi kein Leerstandsrisiko gibt, wenn bonitätsstarke Mieter das Risiko von Mietschulden überschaubar machen oder wenn von deutlichen Mietsteigerungen auszugehen ist. Rechnet man dagegen künftig mit hohen Leerständen, dann sollte ein Investor bestrebt sein, sein Kapital möglichst rasch durch Mieten zurückzubekommen. Das drückt sich in einem möglichst niedrigen Vervielfältiger aus.

Wir hatten schon hingewiesen, dass die Wohnungsnachfrage preiselastisch und das Angebot relativ preisunelastisch ist, sich das Angebot also langsamer an Preisänderungen anpasst als die Nachfrage. Dies gilt aber wie gesagt nur auf kurze Sicht. Langfristig kurbeln Investoren den Neubau an, sobald sie mit den neuen Projekten attraktive Gewinne erzielen können. Dies verbindet nun den Investmentmarkt auch mit dem Baumarkt. Der Baumarkt könnte als Teil eines weiter definierten Investmentmarktes verstanden werden, denn auf Baumärkten entstehen die veränderlichen, sogenannten Stromgrößen, die neuen Gebäude nämlich, die dem Bestands-Investmentmarkt zufließen.

James Tobin hat für Unternehmen eine Maßzahl entwickelt, die signalisiert, ab wann sich eine Neuinvestition lohnt. Das Tobin'sche Q ist die Relation aus dem Wert eines Vermögenswertes und den Kosten, um diesen Wertgegenstand identisch zu reproduzieren. Ist der Reproduktionswert niedriger als der Wert des Bestands, so sollte man investieren, denn die möglichen Einnahmen übersteigen dann die Investitionskosten. Dies lässt sich theoretisch sehr gut – empirisch aufgrund mangelnder Daten allerdings nicht immer elegant – auf die Immobilienwelt übertragen. Übersteigen die Bestandspreise die Baukosten, so lohnt sich der Neubau – in einer Marktwirtschaft zieht der Wohnungsbau unmittelbar an. Erhöht sich nun aber die Bauaktivität, wird der Wohnungsbestand ausgeweitet. In der Folge verlangsamt sich der Mietanstieg, und dies führt über den Kapitalisierungszins wiederum zu langsamer steigenden Preisen.

So sind letztlich der Vermietungs-, der Investment- und der Baumarkt eng miteinander verbunden. Die beiden amerikanischen Ökonomen DiPasquale und Wheaton haben ein Standardmodell für diese Wirkungsmechanismen präsentiert, mit dem sich sehr gut die Zusammenhänge illustrieren lassen. Zu finden ist es grafisch aufbereitet im Anhang dieses Buches. Mit Hilfe dieses Modells lassen sich die Effekte von Rahmenänderungen auf Immobilienmärkten einfach veranschaulichen. Dies ist mehr als eine akademische Fingerübung, denn es hilft dabei, Folgewirkungen auf benachbarten Märkten zu berücksichtigen.

Unvollkommene Anpassungsprozesse

Veranschaulichen lässt sich dies an zwei einfachen aktuellen Beispielen. Die Modellvolkswirtschaft „Schland“ ist plötzlich und unerwartet sehr beliebt bei den Einwohnern der benachbarten „Nicht-Schland“-Länder geworden. Es kommt zu einer starken Zuwanderungsbewegung. Die Wohnungsnachfrage steigt. Und weil die Angebotsseite kurzfristig nicht reagieren kann, steigen die Mieten. Da Vermietungs- und Investmentmärkte eng miteinander verbunden sind, steigen nach Maßgabe des Kapitalisierungszinssatzes auch die Wohnungspreise. Dies führt nun dazu, dass Investoren nach einem Vergleich der neuen Immobilienpreise mit den Baukosten zu dem Ergebnis kommen, dass sich Neubauten in viel mehr Fällen rechnen als zuvor. Es wird dann so lange in den Wohnungsneubau investiert, bis der Wohnungsbestand hinreichend groß ist, um den neuen Mitbürgern genügend Wohnraum zu bieten. Mieten und Preise finden genau dort wieder ein Gleichgewicht, wo die Neubautätigkeit exakt in dem Umfang der notwendigen Abschreibungen erfolgt. Das Zusammenwirken der drei Märkte hat in idealer Weise sowohl das Mietwachstum als auch das Preiswachstum sowie später die Bauausweitung begrenzt.

In dem zweiten Beispiel ist Schland bei Kapitalanlegern so unglaublich beliebt geworden, dass sich seine Anleiherenditen auf historischen Tiefständen bewegen, und zwar deutlich unterhalb der Mietrenditen auf den Immobilienmärkten. Dies beobachten private und institutionelle Schland-Einwohner eine Weile – und dann fangen sie an, weniger Anleihen und mehr Immobilien zu kaufen. Die Immobilienpreise steigen, obwohl es kein Mietwachstum gab. Wenn aber ohne Mietwachstum mehr Immobilien gekauft werden, sinkt der Kapitalisierungszinssatz und der

Vervielfältiger steigt. Das heißt, jeder beliebigen Miethöhe kann nun ein höherer Immobilienpreis zugeordnet werden. Die steigenden Preise sorgen wiederum für zusätzliche Bauaktivitäten, und diese Bestandsausweitung führt zu sinkenden Mieten – bis sich ein neues Gleichgewicht eingestellt hat. Wenn zu einem späteren Zeitpunkt die Anleihezinsen wieder steigen sollten, werden die Vervielfältiger sinken. Es wird weniger gebaut, und die Mieten steigen. Dieser Prozess kann durchaus auch mit sinkenden Preisen einhergehen – was beim Thema Immobilienblasen relevant wird, auf das wir später zu sprechen kommen.

Leider vollziehen sich die beschriebenen Anpassungsprozesse zu neuen Marktgleichgewichten auf Immobilienmärkten nur sehr langsam und nie vollkommen. Diese Unvollkommenheiten haben mehrere Ursachen. So liegen die meisten Immobilienmarktdaten nur zeitverzögert vor. Immobilienmarktakteure reagieren also auf Informationen, die mitunter die Welt vor sechs oder neun Monaten darstellen. Hinzu kommen Wirkungsverzögerungen, weil Genehmigungs- und Planungsprozesse lange dauern und Portfoliostrategien nicht im wöchentlichen Rhythmus hektisch neu formuliert werden.

Zudem ist die Immobilienwelt selten so freundlich gestimmt wie in unseren zwei Beispielen und beschränkt sich auf einzelne isolierte Schocks. Es kann vielmehr passieren, dass in einer Region die Zahl der Haushalte steigt, die Einkommen jedoch sinken, die Kapitalisierungszinsen sinken und der Staat sowohl die Wohneigentumsförderung verändert als auch neue Abschreibungsregeln einführt. Jeder dieser Schocks führt zu unterschiedlichen Effekten mit unterschiedlichen Wirkungsverzögerungen, die sich alle überlagern. Gerade in der öffentlichen Diskussion wird dieses komplexe Wirkungsnetz gern auf Einzelaspekte reduziert. Dadurch entstehen dann Handlungsfehler – bei privaten wie bei öffentlichen Entscheidern.

Es ist ein gefährlicher Cocktail, der da gemixt wird, wenn der Staat oder ein paar Banken versuchen, ein Marktungleichgewicht ohne Rücksicht auf Wirkungsverzögerungen und auf mögliche Effekte in den benachbarten Märkten zu korrigieren. Der Umkehrschluss, der Staat möge sich bitteschön völlig aus der Wohnungspolitik heraushalten, ist freilich ebenfalls trügerisch. Zum einen können die Anpassungsprozesse auf dem Markt mitunter Jahrzehnte dauern. Ein Eingriff mag dann zwar zu unbeabsichtigten Folgen führen, doch er könnte etwaige Probleme wesentlich schneller lösen als der Markt. An diesem Punkt gilt es vorsichtig abzuwägen. Zum anderen führt uns dies zurück zu den externen Effekten vom Anfang dieses Kapitels: Externe Effekte lassen sich eben häufig nicht über Marktprozesse korrigieren – egal wie langsam sie ablaufen. Und wenn die Märkte an dieser Stelle versagen, kann es sehr wohl notwendig sein, dass der Staat korrigierend eingreift.

5. Treibstoff Kredit

Der Zinssatz bestimmt die Richtung.
Gebäude werden fast immer auf Schulden gebaut. Kredite sind deshalb das Fundament des Immobiliengeschäfts. Der Einfluss der Finanzierungsstrukturierer nimmt stetig zu – nicht immer mit einem erfreulichen Ergebnis. Es entstehen Abhängigkeiten. Aktuell wird gern ausgeblendet, dass niedrige Zinsen kein Naturgesetz sind.

Es gibt einen ziemlich verlässlichen Indikator für die Stimmungslage eines Immobilienprofis. Möchte man wissen, ob man auf einer Immobilienveranstaltung überwiegend zufriedene und fröhliche Gesprächspartner erwarten darf, so genügt ein Blick auf den Stand der Zinsen für Immobilienfinanzierungen. Sind sie niedrig, dann läuft das Geschäft, bei hohen Zinsen stellt man sich besser auf anstrengende Unterhaltungen ein. Denn der Kredit ist ein entscheidender Teil fast jeder Immobilieninvestition. Das wird schon bei der einfachen Finanzierung für den Kauf eines Eigenheims deutlich. Je niedriger die Zinsen sind, umso niedriger fallen die Finanzierungskosten aus. Dieser geringere finanzielle Aufwand sorgt dafür, dass sich immer mehr Leute eine eigene Immobilie leisten können. Es ist deshalb nicht verwunderlich, dass die Wohneigentumsquote in Deutschland aktuell bei historisch niedrigen Finanzierungszinsen nach oben geht.

Im professionellen Immobiliengeschäft fällt der Effekt nicht viel anders aus. Mit dem geringeren Zinsaufwand rechnet sich ein Projekt eher. Deshalb ist es heute eine Kernkompetenz jedes erfolgreichen Marktakteurs, tragfähige Finanzierungen auf die Beine stellen zu können. Nicht nur, weil der Kredit einen Ankauf überhaupt erst möglich macht. Das tat er früher schon, denn es gibt nur ganz wenige Investoren, die sich ein Gebäude bauen oder kaufen können, ohne dafür Schulden aufzunehmen. Das Volumen ist einfach sehr groß im Vergleich zur Finanzierung von anderen Wirtschaftsgütern. Der Kredit ist auch ein Renditetreiber – wenn alles gut läuft.

Gut läuft es dann, wenn die Gesamtrendite, die mit der Immobilie erwirtschaftet werden kann, über dem Zins für den aufgenommenen Kredit liegt. Dann kommt der sogenannte Leverage-Effekt zum Tragen, mit dem sich der Gewinn auf das eingesetzte Eigenkapital hebeln lässt. Die Funktionsweise lässt sich an dem folgenden vereinfachten Beispiel erklären. Ein Gebäude wird von einem Investor für 10 Millionen Euro erworben. Die jährlichen Mieteinnahmen betragen 1 Million Euro im Jahr. Bei Abschreibungen von jährlich 200.000 Euro bleibt ein Jahresgewinn von 800.000 Euro. Das entspricht einer Gesamtrendite von 8 Prozent auf das eingesetzte Kapital.

Interessant wird es, wenn dieser Investor den Kaufpreis von 10 Millionen Euro nur zur Hälfte mit eigenem Geld bezahlt und für die andere Hälfte einen Kredit mit einem Zinssatz von 5 Prozent aufnimmt. Von der Jahresmiete von einer Million Euro müssen nun zwar neben den 200.000 Euro auch noch die Zinsaufwendungen von 250.000 Euro abgezogen werden, wodurch der Gewinn für den Investor auf 550.000 Euro schmilzt. Tatsächlich beträgt aber die Rendite auf sein geringeres eingesetztes Eigenkapital nunmehr 11 Prozent und nicht mehr 8 Prozent.

Der Reiz des Kredithebels

Dies ist der Moment, ab dem die Rechenkünstler unter den Immobilieninvestoren anfangen, sinnlich zu werden. Denn je mehr nun der Fremdkapitalanteil nach oben und der Eigenkapitalanteil nach unten geschraubt wird, umso stärker lässt sich die Rendite auf das eigene Geld hebeln. Und am sinnlichsten werden diese Akteure, wenn die Zinsen eben historisch niedrige Niveaus erreichen, denn in dem obigen Beispiel steigt die Eigenkapitalrendite von dem Ausgangswert von 8 Prozent auf unglaubliche 53 Prozent, wenn die Finanzierungszinsen statt 5 Prozent nur noch 3 Prozent betragen und der Investor nur 10 Prozent Eigenkapital mitbringt. In Phasen galoppierender Euphorie haben aggressive Akteure teilweise über 100 Prozent einer Investition mit Fremdkapital finanziert.

Wenn alles gut geht, wird man auf diese Weise sehr reich, denn dann muss man nicht einmal eigenes Geld investieren und kann komplett die Spanne zwischen Objektrendite und Finanzierungskosten für sich vereinnahmen. Bringt man nur 1 Prozent der Investmentsumme an Eigenkapital mit, springt die Eigenkapitalrendite in dem obigen Beispiel auf traumhafte 500 Prozent. Wer da nicht sinnlich wird, ist entweder Buddhist im fortgeschrittenen Erleuchtungsstadium oder tut sich mit Dreisatzrechnung schwer – oder beides.

Solche Finanzierungsstrukturen scheitern im Normalfall jedoch an der Verfügbarkeit von Fremdkapital. Gläubiger und damit vor allem Banken sehen es nicht gern, wenn ihr Schuldner nicht mit eigenem Kapital investiert ist. Eigenkapital ist aus ihrer Sicht der Puffer, mit dem sich Wertverluste des Objekts ausgleichen lassen, wenn der Mieter oder Schuldner plötzlich Probleme bekommt und der Kredit „notleidend" wird.

Wenn nämlich diese Butterblumenwelt aus niedrigen Zinsen, hohen Mieteinnahmen und 99 Prozent Fremdkapitalaufnahme gestört wird, kann es sehr leicht zu großen Problemen für Investor und Bank kommen. Sinken die Mieteinnahmen von 1 Million Euro beispielsweise wegen eines Mieterausfalls auf 480.000 Euro, so erzielt das Objekt zwar weiterhin eine positive Rendite, aufgrund der hohen Fremdkapitalkosten erzielt der Investor jedoch bereits eine negative Rendite von 17 Prozent. Steigen dann die Fremdkapitalzinsen, zeigt der Leverage-Effekt schnell seine hässliche Fratze.

Um dies zu vermeiden, agieren Banken in der Regel vorsichtig und orientieren sich nicht am Marktwert einer Immobilie als Maßstab für ihre Kreditvergabe, sondern an einem geschätzten nachhaltig erzielbaren Wert. Diese für Banken entscheidende Größe wird Beleihungswert genannt. Der Beleihungswert ist der geschätzte Wert, den die Immobilie unabhängig von Marktschwankungen während der Laufzeit des Kreditvertrages bei einem Verkauf voraussichtlich erzielen würde. Er ist damit wichtig für den Fall, wenn ein Investor seinen Kredit nicht mehr bedienen kann. Diese Orientierungsgröße für die Banken liegt meist deutlich unter dem tatsächlichen Kaufpreis, zumal darauf auch noch einmal ein Sicherungsabschlag vorgenommen wird. Die Banken nutzen für ihre Refinanzierungen Pfandbriefe. Das sind festverzinsliche Anleihen mit einer festen Laufzeit und vorab bekannten Rückzahlungsbedingungen. Kredite, die für Pfandbriefe als Deckung hinterlegt werden, dürfen nur 60 Prozent des Beleihungswertes aufweisen.

Natürlich sind Kreditfinanzierungen an dieser Schwelle nicht gekappt. Nur ist an dieser Schwelle üblicherweise Schluss mit den günstigen Zinssätzen. Dann beginnt die Arbeit der Finanzierungsstrukturierer. Ihre Aufgabe ist es, Kredite aus anderen Quellen aufzutreiben, für die zwar wegen des höheren Risikos höhere Zinsen gezahlt werden müssen, die aber zusammen betrachtet doch noch eine attraktive Rendite für die vorgesehene Investition zulassen. In ihrer Welt wird der über Pfandbriefe refinanzierbare Kreditanteil zum sogenannten Senior Loan, der aus Gläubigersicht riskantere, nachrangig besicherte Kreditanteil von Banken zum Junior Loan. Wenn dann immer noch Geld für die Umsetzung eines Immobilienprojekts fehlt, weil das Eigenkapital nicht ausreicht, stehen Finanzinvestoren für kurzlaufende Übergangsfinanzierungen bereit. Allerdings lassen sie sich ihre Rolle als Helfer in der Finanzierungsnot fürstlich bezahlen. Dieses Mezzanine-Kapital ist so etwas wie der Dispokredit für Immobilieninvestoren – für den durchaus schon mal zweistellige Zinssätze fällig werden.

Finanzierungsmodelle als Selbstzweck

Der Bedeutungszuwachs der Immobilienfinanzierung hierzulande ist nachvollziehbar – aber auch kritisch. Denn das Objekt selbst droht bei der Betrachtung in den Hintergrund zu rücken. Was nützen die schönsten Excel-Übersichten mit den verschiedenen Finanzierungsszenarien, wenn der Zahlungsfluss aus dem Objekt nicht wie geplant eintrifft? Wenn also vor lauter „Financial Engineering" – wie sich die Kunst der Finanzierungsstrukturierung trügerisch in Anlehnung an die Verlässlichkeit der Ingenieurskunst nennt – der wichtigste Punkt einer Immobilieninvestition vergessen wurde, nämlich dass ein Gebäude eine sinnvolle Nutzung benötigt. Der amerikanische Immobilienökonom James Graaskamp fasste das einmal in dem schönen Sinnspruch zusammen, dass es bei einer Immobilie um den Hohlraum geht und nicht um die Hülle. Finanzierungsstrukturen machen sich an der Hülle fest.

So wohlstrukturiert die Welt der Finanzierungsstrukturierung theoretisch aussieht, gibt es dennoch Zeiten, in denen sie aus den Fugen gerät. So verabschiedeten sich einzelne Banken in den Jahren vor dem Ausbruch der Finanzkrise von den Tugenden eines vorsichtigen Kaufmanns und boten für gewerbliche Immobilienprojekte Vollfinanzierungen an. Dazu muss man wissen, dass im professionellen Immobiliengeschäft einzelne Projektentwicklungen oder angekaufte Gebäude über Objektgesellschaften gehalten werden. Läuft also etwas schief, hat die Bank nur Zugriff auf das jeweilige Gebäude und nicht auf das gesamte Vermögen des dahinter stehenden Investors. Dieses hohe Risiko, im Notfall auf einem Teil der Schulden sitzenzubleiben, versuchten die Banken teilweise in Form von Verbriefungen an interessierte Kapitalanleger weiterzugeben. Zu einem großen Teil nahmen sie dieses Risiko aber auch selbst in ihre Bücher.

Lief tatsächlich etwas im finanzierten Objekt schief, fiel etwa ein wichtiger Mieter aus oder drückten Abwertungen wegen eines angespannten Marktumfeldes das Projekt unter Wasser, saß plötzlich der Schuldner und nicht der Gläubiger am längeren Hebel. Damals wurde die Wendung geläufig, „den Schlüssel bei der Bank abzugeben". Sprich: Wenn der Schuldner die Probleme in seinem Objekt nicht in den Griff bekommt, dann lädt er diese einfach bei der Bank ab. Soll die sich darum kümmern. Er hat seinen geringen Eigenkapitalanteil längst aus dem Projekt wieder herausgezogen beziehungsweise hatte gar nicht erst mit eigenem Geld investieren müssen.

Es war jedoch nicht jedem Immobilienanleger vergönnt, so elegant seine Probleme bei der Bank abzuladen. Investoren, die über viel Kapital verfügen und dieses arbeiten lassen, kommen um einen Einsatz dieser Mittel nicht herum. Und hier wurde in der Finanzkrise die Kehrseite des Leverage-Effekts sichtbar. Damals agierten künstlich aufgeblähte Milliarden-Fonds auf dem Markt, die sich die exzessive Kreditvergabepolitik einzelner Banken zunutze machten – auch auf dem deutschen Markt. Sie waren künstlich aufgebläht, weil sie einen Eigenkapitalanteil von lediglich 20 Prozent, manchmal sogar noch weniger vorsahen. Das bedeutete: Wenn es dem Fondsanbieter gelang, eine Milliarde Euro an Eigenkapital bei institutionellen Investoren einzusammeln, hatte der Fonds insgesamt ein Volumen von 5 Milliarden Euro für Investitionen zur Verfügung.

Der angenehme Nebeneffekt dieses Geschäftsmodells für den Fondsinitiator: Er konnte damit auch seine laufenden Gebühreneinnahmen nach oben treiben. Schließlich werden diese nicht nur am Eigenkapitalanteil, sondern am gesamten Fondsvolumen bemessen. Der unangenehme Effekt für die Investoren: Weil im Zuge nicht eingetretener Vermietungsprognosen und fallender Preise an den Immobilienmärkten Abwertungen von mehr als 20 Prozent fällig wurden, war damit das Eigenkapital rasch komplett aufgebraucht. Die Banken zogen die Reißleine und übernahmen die Gebäude. Die Investoren im Fonds mussten einen Totalverlust hinnehmen. Es zeigte sich, dass ein sehr hoher Leverage-Hebel nur funktioniert, wenn ein Markt im vorgesehenen Investitionszeitraum insgesamt betrachtet steigt (und das Zinsumfeld günstig bleibt) – was aber eher ein Glücksspiel als eine nachhaltige Investition ist. Mit einem höheren Eigenkapitalanteil lässt sich zwar in guten Jahren weniger Rendite erwirtschaften. Dieses Vorgehen ermöglicht aber, dass Investoren über den gesamten Zyklus sicherstellen, dass sie ihren Einfluss auf die Objekte behalten.

Im professionellen Immobiliengeschäft haben sich die schlimmsten Übertreibungen mit Finanzierungsstrukturierungen inzwischen wieder etwas gelegt. Jetzt finden auch wieder gestandene Marktakteure Gehör, die ihre Skepsis gegenüber Banken als Mantra vor sich her tragen. Sie mögen es nicht, wenn Banken Einfluss auf das Tagesgeschäft bekommen. Das kann ziemlich schnell passieren. Kreditbedingungen stellen heutzutage sehr stark auf einzelne laufende Kennziffern ab. Die sensibelste unter ihnen ist die sogenannte Loan-to-Value-Kennziffer (LTV). Diese gibt das Verhältnis der Kredithöhe zum Verkehrswert des finanzierten Gebäudes wieder. In den Kreditklauseln wird dann festgehalten, dass die Schulden einen bestimmten Prozentsatz des Verkehrswertes nicht überschreiten dürfen. Wenn das der Fall ist, wirkt das wie ein Einfallstor für die Bank.

Konflikte sind in einem solchen Fall programmiert: Banken sind zahlengetrieben, Immobilienunternehmen schauen stärker auf das Objekt und seine Nutzung. Die Folterinstrumente der Bank reichen dann von der Sondertilgung bis zur außerordentlichen Kündigung des Kredits. Kann der betroffene Investor den Kredit nicht ablösen, ist er sein Objekt los. Vor diesem Hintergrund wird nun wieder häufiger versucht, auch im eigenen Interesse das Eigenkapital stärker zu gewichten, um solch unberechenbaren Abhängigkeiten zu entgehen.

Geschäftsmodell Vollfinanzierung

Bemerkenswert ist angesichts der Erfahrungen aus der Finanzkrise, dass Banken heutzutage immer noch Vollfinanzierungen anbieten. Allerdings ist dies eine Frage der Haftung des Schuldners. Oder anders herum: Inwieweit hat die Bank Zugriff auf das Vermögen eines Schuldners über das finanzierte Objekt hinaus? Deshalb sind Vollfinanzierungen für Objektgesellschaften von Gewerbeimmobilien kein Geschäftsmodell mehr. Angeboten werden Vollfinanzierungen aber gern Privatpersonen für den Eigenheimbau – wenn diese einen sicheren Arbeitsplatz, ein gutes Einkommen oder eine stabile Vermögensbasis vorweisen können. Die Bank sichert sich dann über einen Zugriff auf das Gesamtvermögen des Schuldners ab.

In früheren Zeiten hielten sich Banken mit solchen Angeboten zurück. Denn für den Schuldner kann eine Vollfinanzierung rasch gefährlich werden. Während der Laufzeit darf nichts passieren – keine Arbeitslosigkeit, keine Scheidung, keine Berufsunfähigkeit durch Krankheit. Gerät er in finanzielle Nöte und kann die mit einer Vollfinanzierung verbundenen Raten nicht mehr zahlen, dann sind das finanzierte Eigenheim und darüber hinaus im schlimmsten Fall auch noch alle Ersparnisse weg. Bis zum Offenbarungseid kann der Weg in solchen Fällen sehr kurz sein. Das Prinzip Selbstverantwortung des Kunden erscheint durchaus gerechtfertigt – wenn es um die finanzielle Grundausbildung in Deutschland nur nicht so übel bestellt wäre.

Welche Folgen dies für Häuslebauer haben kann, ist derzeit auch bei den weitverbreiteten Koppelprodukten aus Immobilienfinanzierung und Lebensversicherung zu beobachten. Dabei fließt die fällige Zahlung für die Tilgung des Kredits in eine Lebensversicherung. Mit dem darüber angesparten Geld soll der Kredit am Ende auf einmal abgezahlt werden. Das Versprechen lautet: Weil sich das Geld in der Lebensversicherung über die Laufzeit verzinst, muss bei der vollständigen Tilgung am Ende weniger gezahlt werden als wenn wie üblich getilgt wird.

Das Problem ist, dass auch die Versicherer als Kapitalanleger stark unter dem andauernden Niedrigzinsumfeld leiden. Deshalb können sie nicht die in Aussicht gestellte Verzinsung der Guthaben darstellen. Der Eigenheimbesitzer steht nun vor einem riesigen Problem: Er muss die entstandene Lücke zwischen der fälligen Einmalzahlung für die Tilgung und der niedriger als erwartet ausfallenden Ablaufleistung aus der Lebensversicherung nun irgendwie stopfen. Im schlimmsten Fall verliert er sein Haus. Im Alltag der Finanzvertriebe werden solche Dramen mitunter mit einem Schulterzucken quittiert. Bei kleinen Leuten ist in ihrer Weltsicht nur ein großes Geschäft zu holen – und das ist die Finanzierung zum Bau beziehungsweise Kauf ihres Eigenheims. Mit der Provision für den Baukredit und der Provision für die Versicherungspolice haben sie hier gleich doppelt verdient.

Letztlich lassen sich die entscheidenden Stellschrauben schnell erkennen, an denen in der Immobilienfinanzierung im kleinen wie im großen Rahmen gedreht werden kann. Sie heißen Zins, Tilgung und Laufzeit. Werden zum Beispiel in der Kalkulation bei einem kurzlaufenden Kredit von fünf Jahren die zu Beginn historisch niedrigen Zinsen für die Anschlussfinanzierung einfach fortgeschrieben, so stellt sich das wirtschaftliche Ergebnis zwar freundlich dar. Eine solche Kalkulation steht aber auf ziemlich wackeligen Füßen. Die Investition kann geradewegs in eine „Zinsfalle" hineinlaufen. Denn sind die Zinsen zum Zeitpunkt der Anschlussfinanzierung höher als kalkuliert, rechnet sich plötzlich das gesamte Modell nicht mehr.

Wird zudem die Tilgung des Kredits niedrig angesetzt oder sogar ausgeklammert, so lässt sich ebenfalls das wirtschaftliche Ergebnis während der Laufzeit deutlich verbessern. Es bleibt aber der Druck, ob der bestehende Kredit bei einem späteren Verkauf des Objekts tatsächlich in der vorgesehenen Höhe abgelöst werden kann.

So wichtig die Höhe der Marktzinsen für das Immobiliengeschäft ist, so gefährlich ist die schleichende Gewöhnung an die fallenden Zinsen seit den neunziger Jahren. Natürlich sind sie für das Immobiliengeschäft erst einmal ein Segen. Doch sie sind kein Naturgesetz. Deshalb wird in der Immobilienbranche auch kein Wort so sehr gefürchtet wie das Wort Zinswende. Gehen die Zinsen wieder nach oben, werden viele Kalkulationen unter Druck und Geschäftsmodelle in Bedrängnis geraten. Die Preise könnten fallen, damit die Renditen angesichts höherer Finanzierungsaufwendungen wenigstens gehalten werden können. Schön sind fallende Preise für Neueinsteiger, weniger schön für Projektentwickler, deren Projekte kurz vor der Fertigstellung stehen beziehungsweise für Bestandshalter. Es sei denn, sie haben konservativ mit steigenden Zinsen kalkuliert und die Kreditquote nicht zu hoch angesetzt. Kommt die Zinswende tatsächlich, haben sie dann einen Sicherheitspuffer und können immer noch gut von den laufenden Mieteinnahmen leben. Kommt die Zinswende nicht, dürfen sie sich über zusätzliches Ertragspotential freuen.

Zu Bausparern müssen Immobilieninvestoren jedenfalls nicht gleich mutieren, wenn es zu dem Richtungswechsel bei den Zinsen kommt. Bei dieser in Deutschland immer noch sehr beliebten Form der privaten Immobilienfinanzierung ist der Zins von Anfang an festgeschrieben, was die überwiegend konservative Klientel der Häuslebauer sehr zu schätzen weiß. Was die Marktakteure auf jeden Fall vom Bausparen lernen können, ist eine gewisse Stetigkeit. Getragen wird das Modell von dem Zwang, die persönlichen Ausgaben einzuschränken und regelmäßig Geld zurückzulegen, bis frühestens ab einer Eigenkapitalquote von 40 Prozent überhaupt erst ein Kredit fließen kann. Das verdient das Prädikat: Pädagogisch wertvoll.

DIE HERAUSFORDERUNGEN

In den ersten Kapiteln sind die Marktmechanismen erläutert worden. Das Verständnis dieser Mechanismen ist wichtig, denn Immobilienmärkte sind überwiegend privatwirtschaftlich organisiert, so dass die Gesetze der Marktwirtschaft gelten.

Doch gleichzeitig sind Immobilienmärkte vollkommen anders aufgestellt als zum Beispiel der Ölmarkt oder der Aktienmarkt. Für viele Immobilienmärkte fehlen maßgebliche Daten, oder diese werden erst verspätet veröffentlicht. Insbesondere die Wohnungsmärkte sind außerdem durch zahlreiche Interventionsstufen der öffentlichen Hand betroffen. Zudem laden Immobilien im Gegensatz zu Wertpapieren zur emotionalen Aufladung ein: Es gibt schöne, eindrucksvolle, pittoreske oder wuchtige Immobilien. All dies wird bewegt durch Menschen und ihre Entscheidungen. Wer die genannten Adjektive mit den Begriffen Aktiendepot oder Optionsschein zu verbinden versucht, der versteht, warum der Faktor Mensch bei Immobilien eine größere Rolle spielen könnte als bei anderen Geldanlagen.

6. Fehlende Transparenz

Noch immer fehlen zentrale Daten für die Immobilienwirtschaft.

Marktakteure benötigen Informationen, um ihre Entscheidungen zielgenau treffen zu können. Für viele Immobilienmärkte stehen aber noch immer keine belastbaren Daten zur Verfügung. Allerdings hat sich die Situation in den vergangenen 20 Jahren spürbar verbessert. Das Motto lautet: Mehr Transparenz wagen.

Vor knapp zwei Jahren erschütterte ein spektakulärer Fall von möglichem Immobilienanlagebetrug die deutsche Finanzwelt. Seit dem Jahr 2000 hatten Stephan Schäfer und Jonas Köller an einem Immobilienimperium gearbeitet – der S&K-Gruppe. Anfang 2013 brach sie unter viel medialem Getöse zusammen. Dabei schien das Modell anfangs so vielversprechend zu sein: Schäfer und Köller kauften vermeintlich unterbewertete Immobilien günstig ein und verkauften sie zum vermeintlich fairen Marktpreis weiter. Genauso beschreibt letztlich auch der legendäre amerikanische Investor Warren Buffett seinen Erfolg mit Aktiengeschäften: Er kauft unterbewertete Unternehmen und wartet darauf, dass die Zeit ihm Recht gibt. Selbst die goldene Regel, dass der Gewinn im Einkauf liegt, besagt letztlich nichts anderes, als dass hartes Verhandeln beim Einkauf und die Suche nach versteckten Schnäppchen belohnt werden.

Doch zwischen Anspruch und Wirklichkeit lag bei S&K eine tiefe Kluft. Als das Geschäftsmodell als Handel mit Schrottimmobilien demaskiert wurde, zeigte sich das tatsächliche Risiko für die Anleger. Ausgelassene Partys, die die S&K-Firmengründer gern zu feiern wussten, sind nicht strafbar. Wohl aber die Veruntreuung von Anlegergeld, der Aufbau eines Schneeballsystems, die Verschleppung einer drohenden Insolvenz und die offenkundige Fehlinformation von Anlegern. Alle diese Punkte werden Schäfer und Köller nun vorgeworfen. Allein der Schaden aus dem vermuteten Schneeballsystem könnte sich auf über 100 Millionen Euro belaufen.

Bei einem Schneeballsystem werden immer weiter wachsende Hierarchiekaskaden von Vertriebseinheiten aufgebaut, bei denen jede Stufe einen Teil ihrer Gewinne an die nächsthöhere Stufe abgibt. Mit jeder zusätzlichen Vertriebsstufe steigt der Druck, weiteres Vertriebspersonal anzuwerben. Das Rad muss sich letztlich immer schneller drehen, und weil sich die Verästelung des Hierarchiebaumes exponential entwickelt, müsste es bald mehr Verkäufer als Käufer geben. Das System bricht zusammen.

Wir müssen gar nicht weit in die Vergangenheit zurückblicken, um über weitere Immobilienskandale zu stolpern: In den frühen 1990er Jahren konnte Jürgen Schneider seinen Geschäftspartnern vorgaukeln, dass seine Bauprojekte deutlich größer wären als eigentlich geplant. So bekam er umfangreiche Kredite eingeräumt. Nun, es waren sehr viele Objekte – und einige waren deutlich kleiner als kommuniziert. So belief sich letztlich die Summe der offenen Bankforderung allein bei der Deutschen Bank auf über eine Milliarde D-Mark. Auch die Subprime-Krise, die ab Mitte 2006 in Form fallender Hauspreise zunächst die US- und später die Weltwirtschaft erschütterte, war zumindest teilweise nicht nur auf NINJA-Loans (no income, no job, no assets), sondern eben auch auf hanebüchen betrügerischen Liar-Loans, also Darlehen an Lügner, aufgebaut. Die Liste an Skandalgeschichten ließe sich beliebig verlängern.

Licht in der Schattenwelt

Es ist natürlich richtig, dass die Beispiele nur ein Zerrbild der Immobilienwirtschaft wiedergeben. Die allermeisten Akteure in der Immobilienwirtschaft sind integer und verlässlich. Und genauso selbstverständlich gibt es eklatant betrügerisches Verhalten auch in anderen Branchen. Erinnert sei hier nur an Enron oder Bernie Madoff. Gleichwohl ist es erstaunlich, dass viele Menschen außerhalb der Immobilienwirtschaft mit Argusaugen gerade auf die Immobilienbranche schauen. Es ist wohl auch bezeichnend, dass sich neben dem Finanzhai lediglich der Immobilienhai in der Familie der berufstätigen Haie sprachlich etablieren konnte. Weder Professorenhaien oder Journalistenhaien, noch nicht einmal Autoverkäuferhaien ist dies gelungen.

Vier Punkte sind maßgeblich dafür, dass es immer wieder spektakuläre Betrugsfälle in der Immobilienbranche geben kann und in der Folge das Ansehen der Branche leidet: mangelnde Transparenz, mangelnde Professionalität, ausgeprägte Heterogenität der Objekte und großes Volumen des einzelnen Vermögensgegenstands. Diese Punkte stehen nicht bezugslos nebeneinander, sondern sie interagieren, teilweise bedingen sie sich sogar. Zwei Faktoren gehören zu den Merkmalen der Immobilienbranche – die Heterogenität und die Größe der Objekte. Die anderen beiden Faktoren lassen sich zum Teil daraus ableiten.

Mangelnde Transparenz war letztlich der ausschlaggebende Grund für die beschriebenen Betrugsfälle. Unter Transparenz ist dabei zu verstehen, dass alle entscheidungsrelevanten Informationen für alle Marktteilnehmer zu sehr geringen Kosten bereitstehen, denn nur so können die Akteure ihre Entscheidungen auch fundiert treffen. Der Käufer sollte das zu erwerbende Gut in seinen Kerneigenschaften bewerten und auch den Preis mit ähnlichen Gütern vergleichen können. Für Marktprozesse ist dies entscheidend. Nur wenn die relevanten Informationen vorliegen, funktionieren Märkte und sorgen für eine effiziente Güterbereitstellung. Der Nobelpreisträger George Akerlof hat in seinem berühmten Artikel zum „Zitronenmarkt" anschaulich beschrieben, wie leicht Märkte versagen können, wenn Informationen asymmetrisch verteilt sind, also eine Marktseite mehr weiß als die andere.

Auch mit Blick auf Immobilienmärkte lassen sich die Effekte fehlender Transparenz gut darstellen. Angenommen die Mieter wissen, dass unter den Vermietern ein paar schwarze Schafe sind, die über Qualitätsmängel nicht ausreichend informieren. Es könnte zum Beispiel verschwiegen werden, dass das Dach sanierungsbedürftig ist oder dass der Schimmel im Keller nur behelfsmäßig übermalt worden ist. Wenn die Mieter merken, dass es ihnen nicht möglich ist, diese schwarzen Schafe von den weißen zu unterscheiden, könnten sie ihre Zahlungsbereitschaft an einem Durchschnittswert orientieren. Sie sind dann aber auch nicht bereit, für eine hochwertige Wohnung einen angemessenen Preis zu bezahlen, da eben das Risiko besteht, dass dies gar keine hochwertige Wohnung ist. Der Vermieter dieser hochwertigen Wohnung hat dann nur zwei Möglichkeiten: Entweder er passt die Qualität nach unten an – zum Beispiel durch langes Warten; oder er muss sehr starke und glaubwürdige Signale senden, dass er das weißeste unter allen weißen Schafen ist. Wenn ihm dies nicht gelingt, bleibt ihm nur die erste Option. Sukzessive würden die sehr guten Wohnungen durch gute Wohnungen ersetzt. Doch damit ist der Prozess leider noch nicht zu Ende. Denn sobald die Mieter dies mitbekommen, sinkt ihre Zahlungsbereitschaft. Der Markt fällt letztlich auf den schlechtesten Standard zurück – es werden nur noch die Zitronen gehandelt.

Ein rascher Blick auf Immobilienscout 24 und die dort gezeigten Wohnungsangebote in Frankfurt zeigt, wie robust die deutschen Wohnungsmärkte sind. Es werden viele unterschiedliche Qualitäten gehandelt. Doch dieser erfreuliche Umstand ist teuer erkauft worden. Es existieren strenge regulatorische Auflagen, welche Baustandards eingehalten werden müssen. Unser Mietrecht ist streng. Es gibt umfangreiche Gutachten von Sachverständigen im Zuge einer Transaktion. All dies löst Transaktionskosten aus, die wie ein Bremsklotz die Effizienz der Märkte hemmen – und trotzdem nicht gewährleisten können, dass Betrugsfälle ausgeschlossen sind. 320 Mietervereine im Lande zeugen davon, dass es offenbar erheblichen Beratungsbedarf gibt. Und auch die Vermieter können ihren Mieter niemals so umfassend einschätzen, wie sie das gerne hätten. Ist er zahlungsfähig? Ist er überhaupt zahlungswillig? Wird er die im Vertrag festgelegten Pflichten einhalten? Die Informationsasymmetrien sind nicht einseitig verteilt.

Transparenz fördert Markteffizienz

Es ist also die Heterogenität der Objekte und der Akteure, die eine vollständige Transparenz auf den Immobilienmärkten verhindert. Das schränkt die Effizienz der Märkte erheblich ein und verführt zu opportunistischem Verhalten. Höhere Transparenz ist daher ein wesentlicher Schutz für die schwächere Marktseite. Wenn dann die schwächere Marktseite auch noch handwerkliche Fehler begeht, die von mangelnder Professionalität zeugen, dann scheitert die Markteffizienz nicht nur an den fehlenden Informationen, sondern auch an der fehlenden Kompetenz, diese Informationen zu verarbeiten und zu interpretieren. Mangelnde Professionalität wird somit zum Verstärker der mangelnden Transparenz und der dahinter liegenden großen Heterogenität.

Die Größe der Investitionsobjekte als der vierte Faktor, der das Fehlverhalten auf den Immobilienmärkten begünstigt, kommt besonders zum Tragen, wenn sogar Kleinanleger einfach und günstig an Finanzierungen kommen. Dazu ein fiktives Beispiel: Karl-Heinz Söderblöm, junger Angestellter in einer Versicherungsgesellschaft, kann für den Erwerb einer Dreizimmerwohnung in seiner Wahlheimat Bottrop problemlos einen Kredit aufnehmen, der ein Vielfaches seines Eigenkapitals beträgt. Ein Gespräch bei einer Bank, ob er denselben Kredit auch für ein Aktieninvestment in ein Dax-Unternehmen oder in ein junges Start-up-Unternehmen aus Bottrop bekäme, würde wahrscheinlich sehr viel kürzer ausfallen und sehr viel konfliktreicher verlaufen. Kurzum, Immobilien bieten aufgrund ihrer Größe und der Möglichkeit der Fremdfinanzierung die Chance, mit einer einzigen Transaktion wohlhabend, ja sogar reich zu werden. Diese Aussicht lockt nicht nur ehrbare Kaufleute an.

Es ist nun unsinnig, an den beiden Merkmalen Heterogenität der Objekte und Größe der Einzelanlage zu rütteln, um die Markteffizienz zu erhöhen. Das würde nur zu sehr kleinen Standardobjekten führen und nicht den Bedürfnissen der Menschen und Unternehmen gerecht werden. Der einzig sinnvolle Weg ist deshalb, die Transparenz und Professionalität in der Immobilienbranche zu erhöhen.

Das wirft aber gleich vier neue Fragen auf. Erstens: Wenn der Wert höherer Transparenz so naheliegend ist, warum erhöht sich dann die Transparenz nur so schleppend? Zweitens: Geschieht dies überhaupt schleppend? Drittens: Welche Informationen sind besonders wichtig? Und schließlich viertens: Wie lässt sich die Transparenz in der Branche weiter verbessern?

Alle diese Fragen lassen sich in nahezu gleicher Form auch für das Thema Professionalität in der Branche stellen. Weshalb sich zahlreiche Marktteilnehmer mit einer größeren Transparenz schwertun, hat viel damit zu tun, dass Informationen ein privates Gut sind. Sie haben einen Wert. Transparenz ist hingegen ein öffentliches Gut. Dessen Wert entsteht in Form niedrigerer Transaktionskosten nur mittelbar. Transparenz lässt sich dadurch herstellen, dass Marktteilnehmer ihre privaten Informationen allen zur Verfügung stellen. Wenn nun aber diese privaten Informationen einen Wert haben, ist der Anreiz gelinde gesagt überschaubar. Solange Menschen von Intransparenz profitieren, dürfen wir uns auch nicht wundern, dass sie sich kein Bein ausreißen, um Transparenz herzustellen.

Spürbare Verbesserungen

Immerhin konnten in den vergangenen 20 Jahren auch spürbare Erfolge in Sachen Verbesserung der Markttransparenz verzeichnet werden. Die Analyse von Immobilienmärkten ist nicht mehr allein das Metier von wenigen Beratungshäusern; auch Banken, Ratingagenturen und im Zuge der Finanzmarktkrise zunehmend Forschungseinrichtungen widmen sich dieser Aufgabe. Die Bundesbank hatte jahrzehntelang allenfalls etwas über die Entwicklung der Bauinvestitionen als Teil der Volkswirtschaftlichen Gesamtrechnung publiziert. Die Entwicklung von Vermögenspreisen war nicht auf dem Radarschirm der Zentralbank. Inzwischen werden auch von der Bundesbank Studien zum Wohnungsmarkt publiziert. Die Europäische Zentralbank hat eine Arbeitsgruppe zu Gewerbeimmobilienmärkten eingerichtet. Forschungsinstitute wie das Deutsche Institut für Wirtschaftsforschung (DIW) in Berlin, das Institut der deutschen Wirtschaft (IW) in Köln, das Zentrum für Europäische Wirtschaftsforschung (ZEW) in Mannheim oder das Hamburgische WeltWirtschaftsInstitut (HWWI) haben das Thema Immobilienmärkte entdeckt.

Dieser Wettbewerb der Ideen ist wichtig. Dadurch müssen auch die reinen Interessenvertreter ihre Argumente schärfen. Gleichzeitig hat die Gesellschaft für immobilienwirtschaftliche Forschung (gif e.V.) wichtige Standards geschaffen, um auf der Basis einheitlicher Definitionen überhaupt Analysen betreiben zu können. So wurden Standards für die Berechnung von Vermietungsflächen oder die Berechnung von Mieten und Renditen geschaffen – und damit der ursprünglichen babylonischen Sprachverwirrung bei diesen Kennziffern ein praktikables Definitionswerk entgegengesetzt. Das Potential für opportunistisches Verhalten wird deutlich eingeschränkt.

Auch für die Immobilienmarktforschung gilt, dass alle Theorie grau ist und der Wert einer Theorie nur mit belastbaren Daten überprüft werden kann. Damit die sichtbare positive Dynamik auf dem Forschungsfeld entstehen konnte, bedurfte es also besserer Daten zu den Immobilienmärkten. Genau dies hat sich ebenfalls in den letzten Jahrzehnten durch ein wachsendes Angebot privater und öffentlicher Datenangebote verbessert.

Flankiert werden diese Transparenzanstrengungen von einer tiefgreifenden Professionalisierung der Immobilienbranche. In den zurückliegenden 25 Jahren entstanden Dutzende neuer Studiengänge an zahlreichen Hochschulen. Studienführer zu immobilienwirtschaftlichen Studiengängen in der Grund- und Weiterbildung erfordern fast selbst schon eine Lesehilfe. Es gibt also heute deutlich mehr und belastbarere Daten und Analysen als vor dreißig Jahren – und es gibt deutlich mehr Leser, die diese Informationen angemessen interpretieren können.

Kapitalmarkt als Katalysator

Zu verdanken ist dies nicht zuletzt auch dem Kapitalmarkt, der an Einfluss gewonnen hat. Kapitalmarktakteure sind es gewohnt, mit sehr vielen Daten zu jonglieren, um exakte Bewertungen vornehmen zu können. Als internationale Kapitalmarktakteure nach Deutschland kamen, waren sie von der Bestückung mancher Datenräume arg enttäuscht. Sie forderten mehr Informationen ein, viel mehr – von ihren Banken, ihren Beratern, ihren Zielportfoliohaltern. Natürlich waren diese Kapitalmarktakteure keine Immobilienmarkt-

Philantropen. Sie agierten gezielt und eigennützig, haben dabei jedoch das öffentliche Gut Transparenz mitgeformt.

Dieser „Tugendkreis" erzwingt gleichzeitig, dass der Anreiz zur Weiterqualifizierung von Mitarbeitern erhalten bleibt. Denn je mehr Daten frei verfügbar sind, desto wichtiger ist eine solide Methodenkenntnis, um sich von den Wettbewerbern abzuheben. Dies betrifft nicht nur Finanzierungs- und Bewertungsfertigkeiten. Es geht zunehmend auch um interkulturelle und Managementkompetenzen. Wohlgemerkt, dies ersetzt nicht die etablierten immobilienwirtschaftlichen Netzwerke. Doch inzwischen reicht es nicht mehr aus, bei einer Transaktion ausschließlich auf das Netzwerk zu setzen. Immobilienwirtschaftliche Fertigkeiten und Kompetenzen gehören heutzutage im institutionellen Immobiliengeschäft ohne Abstriche mit dazu.

Viel spricht also dafür, dass sich die Immobilienwirtschaft in Deutschland heute besser qualifiziert und transparenter präsentiert als noch vor 30 Jahren. Doch dies bedeutet nicht, dass es nichts mehr zu tun gibt. Im internationalen Vergleich hinkt Deutschland nicht nur den angelsächsischen Märkten in Sachen Transparenz hinterher, wie der Transparenzindex von Jones Lang LaSalle jährlich dokumentiert. Vor allem fehlen umfangreiche Transaktionsdaten, wie sie die Gutachterausschüsse in den Kommunen verwalten, aber bisher nicht einheitlich publizieren. Die Zeitreihen für hedonische Preisindizes sind sehr kurz, Preisreihen aus Wiederholungsverkäufen (Repeat-sale-Indizes) fehlen ganz.

Ganz gewaltig ist zudem immer noch die Transparenz- und Professionalisierungslücke bei den privaten Immobilienanlegern. Sie haben weiterhin unzureichenden Zugang zu Daten und professionellen Beratern. Während immerhin schon eine akademische und öffentliche Diskussion über den Wert finanzieller Allgemeinbildung geführt wird, scheint die Notwendigkeit einer immobilienwirtschaftlichen Allgemeinbildung noch nicht einmal erkannt worden zu sein. Natürlich hilft eine fundierte finanzielle Allgemeinbildung, auch Fehler bei der Immobilienanlage zu vermeiden. Doch überall dort, wo es um spezifische Aspekte von Immobilien und Immobilienmärkten geht, greift eine finanzielle Allgemeinbildung zu kurz. Es gibt nun zwar zahlreiche hochwertige immobilienwirtschaftliche Studiengänge. Doch es ist unwahrscheinlich, dass die bestehenden Programme ausreichen, um eine immobilienwirtschaftliche Allgemeinbildung in der Breite zu gewährleisten.

Ein letzter offener Punkt sind die Themen Compliance und Corporate Governance. Diese Begriffe sind trocken und schrecken vielleicht auch deswegen viele ab. Doch dahinter verbirgt sich enormes Potential für die Branche, geht es doch um Grundsätze werteorientierter Unternehmensführung und ein System ordentlicher und verlässlicher Berichtsstrukturen. Wer dokumentieren kann, dass er sich an Spielregeln hält, gilt schneller als vertrauenswürdiger Partner und spart sich und seinen Partnern Transaktionskosten ein. Es ist daher gut, dass die deutsche Immobilienwirtschaft sich einen eigenen Kodex der Initiative Corporate

Governance in der Immobilienwirtschaft (ICG) gegeben hat. Auch wenn die Zahl der Mitglieder in der Initiative noch überschaubar ist, so ist es ein sehr wichtiger Aufbruch.

Was ließe sich noch tun, um die Transparenz auf den Immobilienmärkten stetig zu erhöhen? Wie gesagt, wir befinden uns wahrscheinlich in einem „Tugendkreis". Dieser Prozess könnte jedoch flankiert werden durch zusätzliche Datenangebote seitens der öffentlichen Statistik sowie durch die Gutachterausschüsse. Es wäre auch hilfreich, wenn in der Politik ein tieferer Kapitalmarkt nicht allein als Risiko für die Immobilienwirtschaft wahrgenommen würde, wie dies 2007 bei der Einführung von steuerbegünstigten Immobilienaktien (REITs) in Deutschland geschah. Das hatte letztlich verhindert, dass diese sehr transparenten Kapitalmarktvehikel in Wohnimmobilien investieren dürfen. Die sehr intransparenten Private-Equity-Unternehmen dürfen dagegen uneingeschränkt aktiv sein.

Auf jeden Fall ist wegbereitende Pionierforschung über freie Datenzugänge in der Lage, selbst festsitzende Vorurteile im Mark zu erschüttern: In einem Kommentar für das Hamburger Abendblatt analysierte Matthias Iken, der stellvertretende Chefredakteur der Zeitung, die Fallhistorie der Tatort-Krimis. Zitat: „Wer in einer üppigen Villa wohnt oder gar als Makler tätig ist, könnte getrost schon um 20.25 Uhr als Verdächtiger festgenommen werden." Dies erinnerte an die launige Rede eines Immobilienverbandspräsidenten, in der zum Ansehen der Immobilienbranche sinngemäß ausgeführt wurde, dass in jedem dritten Tatort der Mörder etwas mit Immobilien zu tun hat.

Beide Zitate stehen nicht auf dem stabilen Fundament einer umfangreichen empirischen Datenauswertung. Eine Einzelauswertung der etwa 90 Tatort-Krimis aus den letzten drei Jahren ergibt nämlich, dass in nicht mehr als sieben Fällen ein Immobilienbezug festgestellt werden konnte. In fünf dieser Fälle waren der Projektentwickler/Architekt/Bauunternehmer/Klempner beziehungsweise die Maklerin das Opfer, nicht der Täter. In den beiden anderen Fällen waren der wohl sicherlich unsympathisch dargestellte Bauunternehmer beziehungsweise Makler zwar verdächtig, aber dann doch unschuldig. Das Ansehen der Immobilienbranche ist also mittlerweile vielleicht sogar besser, als die Branche selbst glaubt – zumindest gemäß Tatort-Index; wobei dieser sicherlich junge Indikator noch weiterer aufschlussreicher Folgeforschung harrt

7. Faktor Mensch

Der Mensch ist kein Computer.
Trotz der zunehmenden Transparenz auf den Immobilienmärkten und immer anspruchsvolleren Kalkulationen tragen menschliche Stärken und Schwächen einen wesentlichen Teil zum Erfolg beziehungsweise Misserfolg im Immobiliengeschäft bei. Angst und Gier schlagen sich in den unterschiedlichsten Ausprägungen nieder. Dem systemimmanenten Risiko, das sich daraus ergibt, lässt sich mit Erfahrung und den Erkenntnissen aus der Verhaltensforschung begegnen.

Lange Zahlenkolonnen in umfangreichen Excel-Kalkulationen, die vor dem Ankauf eines Objekts üblich geworden sind, können eine wesentliche Komponente des Immobiliengeschäfts nicht überdecken: Menschliche Stärken und Schwächen haben bei aller Professionalisierung der Branche in den vergangenen Jahren einen entscheidenden Einfluss auf den Erfolg einer Immobilieninvestition behalten. Über den Lebenszyklus vom Bau bis zum Abriss sind zahlreiche Entscheidungen notwendig, von denen nicht alle auf der Basis rationaler Argumente getroffen werden. Weil kein Gebäude dem anderen gleicht, ist die Einführung von Standards begrenzt. Es gilt schon als Fortschritt, wenn die Definition grundsätzlicher Begriffe wie Rendite oder Flächenumsatz branchenweit Anwendung findet.

Menschliche Unzulänglichkeiten und Fehlentscheidungen stellen somit ein permanentes Risiko für jede Immobilieninvestition dar. Es lohnt sich deshalb, mindestens genauso intensiv auf die handelnden Personen zu schauen wie auf die Zahlen. Die schlechte Nachricht lautet, dass sich dieses Risiko niemals aus der Welt schaffen lässt. Es lässt sich aber eingrenzen, was wiederum eine gute Nachricht ist. Die entscheidenden Hebel dafür heißen: Erfahrung und stabile Prozesse in den Unternehmen. Das Immobiliengeschäft basiert stark auf den Erfahrungswerten seiner Marktakteure. Ständig treten Probleme auf, die meistens kurzfristig gelöst werden müssen. Baumängel, Zahlungsschwierigkeiten von Mietern und ausbleibende Anschlussfinanzierungen sind da noch die gängigsten Themen, die plötzlich alle Aufmerksamkeit auf sich ziehen.

Fehler lassen sich schon angesichts der schieren Masse an Entscheidungen nicht vermeiden. Perfektionisten sind deshalb im Immobiliengeschäft selten glücklich geworden. Das Können von erfolgreichen Immobilieninvestoren besteht vor allem darin, aus Fehlern in der Praxis zu lernen und ihre Auswirkungen so weit zu begrenzen, dass sie nicht existenzbedrohend werden können. Wissenschaftlich ist Erfahrung als Bezugsgröße schwer greifbar. Es gibt immer wieder ernsthafte Versuche und verdienstvolle Ansätze, Erfahrung messbar und vergleichbar zu machen, doch haben alle vermeintlichen Lösungen ihre Grenzen.

Leistungsnachweis als Orientierungshilfe

Ein beliebtes Instrument ist die Orientierung am sogenannten Track Record. Darin führen Marktakteure ihre zurückliegenden Leistungen und Erfolge auf. Je weiter diese Auflistung in die Vergangenheit zurückreicht und je mehr Erfolge aufgeführt werden können, umso größer ist die Wahrscheinlichkeit, dass auch in Zukunft alles gut läuft. Mit einem positiven Track Record hat der jeweilige Investor immerhin den Nachweis erbracht, dass er sein Geschäft versteht. Doch es sind eben nur Daten aus der Vergangenheit, die hier gezeigt werden. Von der Vergangenheit in gerader Linie auf die Zukunft zu schließen, kann sich schnell als Trugschluss erweisen. Schmerzhaft mussten das Anleger in Offenen Immobilienfonds erfahren, die sich in den Jahren vor der Finanzkrise von stabilen 4 bis 5 Prozent Rendite locken ließen. Wer dabei in einem der Fonds gelandet ist, die sich heute wegen nicht lösbarer Liquiditätsprobleme in Abwicklung befinden, bei dem geht es inzwischen nur noch darum, die Verluste zu begrenzen.

Verdienste von einst dürfen nicht den Blick auf das laufende Projekt vernebeln. Aber immerhin kann ein langer positiver Track Record disziplinierend wirken. Wer sich eine solche Leistungsbilanz mühsam aufgebaut hat, überlegt es sich dreimal, ob er sie leichtfertig aufs Spiel setzt. Der Kölner Fondsinitiator Jamestown hat sich zum Beispiel einen Namen damit gemacht, dass er mit seiner Fokussierung auf den amerikanischen Immobilienmarkt über Jahrzehnte hinweg keinen Fonds gegen die Wand gefahren hat. Anleger wissen dies zu schätzen. Auch in wirtschaftlich schwierigen Zeiten hat das Unternehmen keine Mühe, bei ihnen frisches Geld einzusammeln.

Wer mit dieser ungewöhnlichen Bilanz nicht allzu glücklich ist, sind zuweilen die eigenen Leute. Weil nichts ohne intensive Prüfung eingekauft wird, geht auch schon mal das eine oder andere interessante Geschäft wieder vom Haken. Genau an dieser Stelle kommt zur Erfahrung eben der zweite Hebel: Stabile Prozesse im Unternehmen, die die Handelnden immer wieder dazu zwingen, Prüffolgen einzuhalten und mit Akkuratesse zu arbeiten. Mitunter war dann zwar ein Wettbewerber schneller – und der verantwortliche Einkäufer im Hause ärgert sich über so manches Zögern im Ankaufsprozess, doch langfristig hat sich dieses Zusammenspiel aus bewährten Prozessen und Markterfahrung bewährt.

Es lohnt sich deshalb, zum Leistungsnachweis immer auch die Motivation der handelnden Personen zu betrachten. Natürlich wollen alle Marktakteure Geld verdienen. Doch die große Frage lautet, inwieweit sie ihre Gier im Griff haben, um nicht wegen eines potentiellen schnellen Gewinns die gesamte Unternehmung zu gefährden. Hier lohnt es sich, besonders genau die handelnden Personen zu betrachten. Immobilienkaufleute, die wissen, dass der Gewinn beim Einkauf entsteht, handeln auch danach. Interessant zu beobachten ist aber die Dynamik bei einzelnen Marktakteuren, die in einem positiven Marktumfeld entsteht.

Unvergessen sind zum Beispiel die Auswüchse, die auf dem deutschen Immobilienmarkt vor dem Ausbruch der Finanzkrise zu beobachten waren. Einzelne angelsächsische Investmentgesellschaften kauften in dieser Zeit zügig und schnell, was gerade auf den Markt kam – ohne groß zu prüfen und zu verhandeln. Das hatte einen einfachen Grund: Ihr internes Geschäftsmodell war auf die Erwirtschaftung von Transaktionsgebühren angelegt, die deutlich höher als die laufenden Verwaltungsgebühren sind. Wird nicht angekauft, kippt das Modell – was dann in der Finanzkrise auch geschah. Viele dieser damals herrenlos gewordenen Gebäudepakete schwirren noch heute durch den Markt.

Gier ist die eine Charaktereigenschaft, die im Immobiliengeschäft regelmäßig zu irrationalen Handlungen und damit zu einem unkalkulierbaren Risiko führt. Die andere ist Selbstüberschätzung – wenn eine Investition in einer Größenordnung angegangen wird, die die bestehende Organisation überfordert. Sowohl die Mannschaft als auch die Risikotragfähigkeit einer Organisation kommen dann schnell an ihre Grenzen.

Die Folgen von Gier und Selbstüberschätzung

Das eindrucksvollste Denkmal für die Folgen einer solch brisanten Mischung ragt mit 828 Metern seit 2010 in den Sternenhimmel über der arabischen Wüste. Ursprünglich sollte der Burj Khalifa nach seinem Standort Burj Dubai heißen. Die königliche Familie allein wollte die Baukosten von 1,5 Milliarden Dollar rein aus Eigenkapital, ohne jeglichen Kredit, tragen. Doch die Fertigstellung lief genau in die globale Finanzkrise hinein. Die Flächennachfrage brach ein. Die Wohnungspreise im Turm mussten um 40 Prozent zurückgenommen werden. Zehn Monate nach der Eröffnung sollen trotzdem noch 825 der 900 Wohnungen leer gestanden haben. Letztlich sicherte Scheich Khalifa bin Zayid Al Nahyan aus dem benachbarten Emirat Abu Dhabi mit einer „Finanzspritze" das ehrgeizige Projekt. Die Geretteten waren darüber offensichtlich so begeistert, dass sie zu seinen Ehren gleich den ganzen Turm umbenannten.

Die Liste solcher Überschätzungsdenkmäler ließe sich wohl 1001 Nächte lang vorlesen, und es würde niemals langweilig werden. Andrew Lawrence, einst wissenschaftlicher Direktor der Investmentbank Dresdner Kleinwort Wasserstein, hat auf dieser Basis sogar einen halb spaßig, halb ernst gemeinten Index entwickelt – den Wolkenkratzer-Index. Nach seiner Beobachtung fällt der Bau der höchsten Gebäude der Welt immer in die Zeiten eines wirtschaftlichen Niedergangs. Das heißt, sie werden auf dem Höhepunkt eines Konjunkturzyklus geplant, auf dem sich die Beteiligten offenbar für unverwundbar halten und deshalb auch die Risikobereitschaft unvernünftig hoch ist.

Der Burj Khalifa ist dafür ein gutes Beispiel. Im Zusammenhang mit der jüngsten globalen Wirtschaftskrise gehören zwei neue Wolkenkratzer in Schanghai dazu. Das Empire State Building wurde 1931 fertig gestellt, also mitten in den Aufschwungjahren vor der Wirtschaftskrise geplant; das World Trade Center in New York wurde kurz vor der Ölkrise Anfang der 1970er Jahre erstellt, und die Petronas Towers in Kuala Lumpur wurden mit über 450 Metern sozusagen rechtzeitig zur Asienkrise fertig. Und auch das ehrgeizige Projekt „Squaire" am Frankfurter Flughafen kann als „umgefallener Wolkenkratzer" durchaus zur Bestätigung der These herhalten. Beim Squaire war jedoch weniger das Timing der Fertigstellung das Problem, sondern unterschätzte Baurisiken.

Es ist nun nicht so, dass Baurisiken zwangsläufig zum Tragen kommen. Gerade bei diesem Großprojekt ging aber alles schief, was für den Bauherrn nur irgendwie schiefgehen konnte. In alten Zeiten hätte man wohl von einem Fluch gesprochen, der auf dem Bau lag. Unstimmigkeiten im Bauablauf, Rückbau wegen schlechter Stahlqualität, Sturm- und Wasserschäden – aus der langen Liste an Problemfällen, die auf einer Baustelle auftreten können, schien es nichts zu geben, was das „Squaire" nicht heimsuchte. Die Kosten liefen aus dem Ruder: Aus geplanten 660 Millionen Euro wurde ein Milliardenprojekt.

Menschliche Schwächen zeigen relativ rasch wirtschaftliche Folgen. Doch so häufig Gier und Selbstüberschätzung in der Immobilienbranche zu Treibern des Geschäfts werden – sie sind längst nicht die einzigen menschlichen Eigenschaften, die sich jeder rationalen Kalkulation entziehen. Unmittelbar auf dem Fuße folgen Angst und Überforderung. Gerade

Prozesse im An- und Verkauf von Immobilien sind durch ihre Komplexität extrem fehleranfällig. Gibt es in Unternehmen eine Kultur des permanenten Drucks, weil jedem Mitarbeiter das Gefühl vermittelt wird, er sei ersetzbar, dann werden solche auch schon einmal schnell vertuscht. Auch mangelnde Kenntnisse der Marktgegebenheiten und fehlende Leistungsbereitschaft können sich wesentlich schneller als in anderen Branchen in finanziellen Katastrophen niederschlagen.

Unvergessen bleibt vor diesem Hintergrund ein angelsächsischer Immobilieninvestor, der für ein großes Wohnungsportfolio in Deutschland an einem Bieterwettbewerb teilnahm. Er erhielt für sein Preisangebot den Zuschlag – mit deutlichem Abstand vor dem Zweitplazierten. Wie konnte das passieren? Im Nachgang wurde kolportiert, dass der Investor in seiner Kalkulation einfach das deutsche Mietrecht ausgeblendet und die geplanten Mietsteigerungen viel zu hoch angesetzt hatte – weit über dem gesetzlich Erlaubten. „What the hell is a Mieterhöhungsklausel", so soll der entsprechende Kommentar gelautet haben. Der Nachhilfeunterricht in der Praxis ließ nicht lange auf sich warten – mit den entsprechenden Auswirkungen auf die Rendite.

Generalisten mit Blick für das Detail

Angesichts solcher Anekdoten wird deutlich, wie wichtig die Mannschaftsaufstellung in Immobiliengesellschaften ist. Nur qualifizierte Leute, die nicht (zu sehr) an Selbstüberschätzung leiden, können die komplexen Prozesse beherrschen. An diesem Punkt kommen dann als menschlicher Faktor die Talente ins Spiel, die notwendig sind, um erfolgreich im Immobiliengeschäft zu bestehen. Am besten kommen Schnelldenker zurecht, die im Bedarfsfall improvisieren können. Das hat mit einer wesentlichen Erscheinung des Geschäfts zu tun: Permanent gilt es Probleme zu lösen und Widerstände zu überwinden. Nicht jeder ist für diese Ausgangslage geschaffen. In den Teamzusammensetzungen ist deshalb häufig eine Unwucht zu beobachten. Unter den vier grundsätzlichen Eigenschaften phantasievoll, durchsetzungsstark, menschlich und fleißig, die gut gemischt sein sollten, ist der durchsetzungsstarke Typus in dieser Branche eindeutig in der Überzahl.

Doch nur Stürmen hilft nicht weiter. Gerade in Verhandlungsrunden ist auch emotionale Kompetenz gefragt, um das Gegenüber richtig einzuschätzen und das bestmögliche Ergebnis zu erzielen. In der Umnutzung von Gebäuden sind Ideen gefragt, um die Bedürfnisse eines potentiellen Mieters zu erkennen, bevor dieser selbst weiß, was er braucht. In einer An- und Verkaufsphase sowie im Bestandsmanagement ist wiederum Fleiß und Genauigkeit gefragt, wenn endlose Zahlenkolonnen durchgearbeitet werden müssen. Das Gesamtbild macht deshalb die Anforderungen an Führungskräfte und Mitarbeiter in Immobilienunternehmen so widersprüchlich: Gesucht werden letztlich Generalisten mit einem Blick für das Detail.

Mit der zunehmenden Erfahrung in diesem Geschäftsumfeld bildet sich schließlich eine zutiefst menschliche Eigenschaft heraus, deren Potential die beschriebenen Risiken aus menschlichen Unzulänglichkeiten teilweise kompensieren kann. Die Rede ist von dem in der Immobilienbranche vielbeschworenen Bauchgefühl. Diese Mischung aus Erfahrung und Intuition spielt in Entscheidungsprozessen rund um den An- und Verkauf von Immobilien eine Hauptrolle – gerade und vor allem bei professionellen Immobilieninvestoren. Es macht immer wieder Spaß, mit alten Kämpen durch die Straßen einer deutschen Großstadt zu ziehen und Häuser zu betrachten, die gerade zum Verkauf stehen. Für den Laien sind dabei die Unterschiede kaum zu erkennen. Ein Haus sieht manchmal sanierungsbedürftiger aus als das andere. Das war es dann aber meist auch schon.

Die Bedeutung des Bauchgefühls

Erfahrene Profis besitzen die Fähigkeit, komplizierte Dinge rasch zu verdichten. Bei einem Besuch in Düsseldorf holte einst ein altgedienter Wohnungsprojektentwickler bei einem Bürohaus, das ihn für eine Umnutzung besonders geeignet schien, unmittelbar vor der Tür einen kleinen Block und einen Stift hervor. Wenn 15 Zahlen auf dem Zettel standen, dann waren das viele. Ihm reichte es jedenfalls, um auf dieser Basis sein Gebot für den Verkäufer zu erstellen. Den Hinweis, dass dies doch niemals ausreichen könne, um seine Geldgeber zu überzeugen, bestätigte er augenzwinkernd. Jetzt seien halt die jungen Leute daheim in der Firma an der Reihe, mit ihren Excel-Zahlenkolonnen das Ergebnis in seinen Händen zu bestätigen.

Von dieser Begegnung blieb die Botschaft in Erinnerung, dass Bauchgefühl und die Beherrschung der Grundrechenarten essentielle Bestandteile einer erfolgreichen Immobilieninvestition sind. Es gehört aber auch dazu, den ersten Eindruck möglicherweise zu revidieren, wenn die spätere Kalkulation das Gegenteil der Überschlagsrechnung ergibt. Insofern stellen Bauchgefühl und Daten keine Gegensätze dar. Im Idealfall erfolgt vielmehr eine permanente Kontrolle des Bauchgefühls durch stabile Prüfprozesse und methodisch sichere Datenanalysen – und umgekehrt.

Inzwischen ist die Bedeutung des Bauchgefühls für das Immobiliengeschäft sogar wissenschaftlich erwiesen. Vor nicht allzu langer Zeit hatte die Technische Universität München dazu ein aufwendiges Forschungsvorhaben auf den Weg gebracht. Das Ergebnis: Bei sage und schreibe 87 Prozent der befragten rund 100 professionellen Immobilieninvestoren fließt das subjektive Empfinden in die Entscheidungsfindung mit ein. Die potentiellen Käufer sind sich dabei dieser irrationalen Komponente durchaus bewusst. Nur bei knapp einem Fünftel geschieht die Einbeziehung des Bauchgefühls nämlich mehr oder weniger ungewollt. Erstaunlichstes Ergebnis war aber das Gewicht, das die Profis ihrem Bauchgefühl in der Entscheidungsphase beimessen. Nach ihrer Einschätzung hat es letztlich einen Anteil von einem Viertel an der endgültigen Entscheidung – der Rest sind die tatsächlich objektivierbaren Daten und Fakten.

Allerdings sei das Gewicht über den Zeitraum einer Investitionsphase ziemlich ungleich verteilt. Im Rahmen des Forschungsprojekts wurde festgestellt, dass Bauchgefühl vor allem am Beginn eines Entscheidungsprozesses zum Tragen kommt – wenn es also darum geht, aus einem großen Angebot von Objekten jene herauszufiltern, die einer näheren Betrachtung unterzogen werden sollten. Im weiteren Verlauf könnte dieser erste Eindruck mit Fakten untermauert werden. Erst vor dem Abschluss der Transaktion bekommt noch einmal die subjektive Einschätzung Bedeutung. Die ist dann aber längst nicht mehr so groß wie zu Beginn des Prozesses.

Intuition kompensiere nur die fehlende Markttransparenz in Deutschland, kommentierte ein Marktakteur das Ergebnis der Forschungsarbeit. Er liegt damit ganz richtig. Und die Bedeutung bestreitet niemand ernsthaft. Letztlich geht es um die Kunst, in der nicht perfekten Immobilienwelt mit unvollständigen Informationen durch Annahmen und Erfahrung zu einer guten Lösung zu kommen. Dazu passt die Trefferquote, die die Münchner Forschungsarbeit ermittelte. 80 Prozent der befragten professionellen Immobilieninvestoren gaben an, dass ihre intuitiven Entscheidungen im Nachhinein auch nach objektiven Maßstäben richtig waren – allerdings lässt sich dies im Nachhinein und ohne Einzelfallprüfung ausgesprochen schwer messen.

Tatsächlich könnte gerade für Immobilienprofis sehr viel für einfache Heuristiken sprechen. Denn auf Immobilienmärkten herrscht ein hohes Maß an Ungewissheit, es gibt viele Wege, die zu einem möglichen Ziel führen könnten und das Datenangebot ist wie gezeigt oftmals dürftig. Genau für solch eine Situation lässt sich zeigen, dass einfache Regeln komplexeren Regeln häufig überlegen sind. Interessierte mögen sich an das sehr lesenswerte Buch von Gerd Gigerenzer „Risiko" halten.

Ein Fall für die Verhaltensforschung

Doch bei allem Lobpreis für einfache Regeln sollte man nicht vergessen, dass wir häufig jenseits von rationalen Regeln entscheiden. Dies mag mitunter sinnvoll sein, häufig machen wir uns jedoch etwas vor. Dies kann zu gravierenden Fehlentscheidungen führen. In den letzten Jahrzehnten hat die Verhaltensforschung große Fortschritte gemacht, die Grenzen der Rationalität auf den Finanzmärkten zu vermessen. Diese Forschungsrichtung trägt die schöne Bezeichnung Behavioral Finance und ist inzwischen eine etablierte wissenschaftliche Disziplin, die auf einem tragfähigen theoretischen und vor allem empirischen Fundament steht. Viele der bislang gesammelten Erkenntnisse lassen sich direkt auf die Immobilienanlage übertragen. So haben die Forscher etwa festgestellt, dass sich Menschen durch vollkommen irrelevante Informationen vor einer Entscheidung manipulieren lassen.

Diese Informationen müssen noch nicht einmal bewusst aufgenommen worden sein. Menschen setzen sehr häufig irrelevante Vergleichsanker: Wenn man einem Interessenten für eine Frankfurter Eigentumswohnung etwas über den unbotmäßig überhitzten Markt in London Kensington erzählt, sollte man annehmen, dies würde als Anekdote irrelevant für die Kaufentscheidung in Frankfurt sein. Pustekuchen: Die Erkenntnisse der Behavioral-Finance-Literatur zeigen, dass hinreichend viele Menschen solche eigentlich unwichtigen Informationen als Vergleichsmaßstab verwenden. Die Frankfurter Wohnung, die zuvor als teuer wahrgenommen wurde, entwickelt so allein durch den direkten Vergleich mit Kensington den Charme eines Schnäppchens.

Eine der zentralen Erkenntnisse der Studien von Nobelpreisträger Daniel Kahneman war, dass Verluste immer höher gewichtet werden als mögliche Gewinne. Solange Immobilien als stabile Anlageform wahrgenommen werden, ist dies für Marktakteure eine wichtige Botschaft: Der Vergleich mit volatilen Anlagen sollte dann viel mehr bemüht werden. Dass Marktakteure ihre eigenen Fähigkeiten überschätzen, hatten wir bereits an Beispielen gezeigt. Die Behavioral-Finance-Literatur kennt hier kaum weniger eindrucksvolle Beispiele für Hybris. Insofern sind die 80 Prozent, die bei der Münchner Forschungsarbeit angaben, mit ihrer intuitiven Entscheidung richtig gelegen zu haben, mit Vorsicht zu genießen.

Die Folgen solch irrationalen Handelns können dabei im Immobiliengeschäft stärker durchschlagen, als das an Finanzmärkten der Fall ist. So ist die Möglichkeit der Risikostreuung mit Immobilien deutlich eingeschränkt. Deshalb hat ein Fehler gleich größere negative Konsequenzen. Gleichzeitig ist ein erzielbarer Gewinn mit Immobilien gleich so groß, dass er zum Übermut verleiten kann. Wegen der gängigen Vorurteile wie sichere Anlage und Inflationsschutz sind Gebäude besonders geeignet, das tatsächliche Verlustrisiko kleinzureden. Zudem lässt sich mit konkreten Objekten besser von Ungereimtheiten ablenken als mit emotionslosen Wertpapieren – sprich: mit irrelevanten Informationen viel besser manipulieren.

Diese Psychologie der Anleger hat viele Phänomene bekannt gemacht, in denen das Bauchgefühl dann doch nicht mehr so vorteilhaft erscheint. Wenn Immobilieninvestoren nicht über die beschriebenen Fallstricke stolpern wollen, empfiehlt sich deshalb ein Kompromiss: Einerseits Disziplin in der Auswertung der Marktinformationen und -daten in der Firma verankern, andererseits aber auch keine Formelhörigkeit predigen. So wird der Kopf zum Korrektiv von Bauchentscheidungen – und jede Kopfrechnung muss der Prüfung des Bauches standhalten.

8. Unterschiedliche Anlageziele

Eigennutz und Track Record.
Zwei Gruppen von Investoren sind auf den Immobilienmärkten unterwegs. Diejenigen, die mit ihrem eigenen Geld Gebäude kaufen – und diejenigen, die mit dem Geld anderer Leute unterwegs sind. Der direkte wie auch der indirekte Weg in die Immobilie haben jeweils ihre ganz eigene Existenzberechtigung.

Besonders reizvoll ist das Geschäft mit Immobilien vor allem aus einem Grund: Mit ihnen lässt sich sehr schnell sehr viel Geld verdienen. Zumindest wenn nicht zu viele Fehler gemacht werden und die nötige Portion Glück dazu kommt. Deshalb mangelt es nicht an Neueinsteigern, die sich einfach mal ausprobieren wollen. Natürlich wird dabei gern der gegenteilige Effekt ausgeblendet: Mit Immobilien lässt sich auch unglaublich schnell unglaublich viel Geld verlieren – so viel, dass man das dafür fällige Lehrgeld im schlimmsten Fall den Rest seines Lebens zu zahlen hat.

Natürlich sind es vor allem die waghalsigen Bauvorhaben, die im kollektiven Gedächtnis haften bleiben. Einst waren das große Gemeinschaftswerke wie der Bau von Kathedralen. Vor diesem Hintergrund ist ein Buch wie „Die Säulen der Erde“ von Ken Follett strenggenommen sogar ein Immobilien-Bestseller. Mit der Industrialisierung lohnte sich später zunehmend auch die private Spekulation im großen Stil.

Viele Immobilientycoone kamen aus dem Nichts und machten sich über ihre Häuser einen Namen. Als bekanntestes Beispiel der Neuzeit gilt der Amerikaner Donald Trump. Sein unternehmerischer Erfolg ruft sicherlich Nachahmer auf den Plan. Ein Vermögen von geschätzt 3,9 Milliarden Dollar laut Forbes-Liste zeigt, was möglich ist – Höhen und Tiefen inklusive.

Wie immer lautet jedoch die schwierigste Frage am Anfang, wie sich ein Einstieg in das Immobiliengeschäft jenseits des eigenen selbstgenutzten Hauses finden lässt. Dabei sind die Zugangswege noch übersichtlich. Es gibt nämlich genau zwei davon: den direkten und den indirekten Weg. Will der Einsteiger das Geschäft selbst betreiben – dann wählt er den direkten Weg. Will er sich nicht allzu viel darum kümmern – dann nimmt er den indirekten.

Der direkte Weg heißt: Ein Grundstück beziehungsweise ein bestehendes Gebäude wird selbst erworben und bebaut beziehungsweise betrieben. Das ist mühsam und aufwendig, soll es am Ende von Erfolg gekrönt sein. Der Direktanleger in Immobilien muss sich um alle Dinge selbst kümmern. Beim Ankauf muss er mit seiner Entscheidung richtig liegen, dass sich mit dem zu erwerbenden Grundstück beziehungsweise Gebäude tatsächlich Geld verdienen lässt. Das fängt mit den bestehenden und potentiellen Mietern an, hört damit aber noch lange nicht auf. Weitgehende Klarheit muss auch über den baulichen Zustand des Gebäudes herrschen, damit böse Überraschungen durch Baumängel vermieden werden. Der ganze Aufwand für den laufenden Betrieb liegt beim Eigentümer. Vermietungen müssen erfolgen. Notwendige Instandhaltungen dürfen nicht aus dem Blick verloren werden, soll sich nicht ein Investitionsstau entwickeln, der den Wert eines bestehenden Objekts letztlich komplett auffressen kann.

Arbeitsaufwand wird gern ausgeblendet

Gerade in Niedrigzinsphasen ist zu beobachten, dass dieser ganze Berg an Arbeit nach dem Ankauf offenbar nicht jedem Anleger bewusst ist. Makler erzählen sich Geschichten wie die von einem Zahnarzt, der sich ein Mehrfamilienhaus im Frankfurter Gallusviertel zu einem so hohen Preis einkaufte, dass er das 25-Fache der Jahresmiete ausmachte. Das heißt grob vereinfacht, erst nach 25 Jahren würde die komplette Jahresmiete aus dem erworbenen Haus nicht mehr zur Deckung des Kaufpreises dienen, sondern tatsächlich komplett in seiner Tasche landen. Allerdings darf in diesem Zeitraum auch nicht viel schief gehen. Wenn ein Mieter seine Miete nicht mehr zahlt und der Zahnarzt auf den Forderungen sitzen bleibt, wenn plötzlich eine größere Dachreparatur fällig wird, wenn in das Nachbarhaus eine problematische Mieterschaft einzieht und die zuverlässig zahlenden Mieter im eigenen Haus die Flucht ergreifen – dann bleibt von der anfänglich schmalen Rendite, die beim 25-Fachen der Jahresmiete noch bleibt, schnell nicht mehr viel übrig.

Dabei ist das Gallus auch kein Viertel, das man als bevorzugte Wohngegend bezeichnen würde. Die Gefahr von Mietausfällen ist durchaus real, die von Mieterhöhungen im Bestand möglicherweise begrenzt, um die Rendite aus dem Objekt doch noch etwas nach oben zu schrauben. Die Anekdote macht vor allem deutlich, was passiert, wenn der Anlagedruck zu hoch ist. Natürlich sind aus heutiger Sicht 4 Prozent Verzinsung (das entspricht dem 25-Fachen einer Jahresmiete) auf das eingesetzte Geld höher als knapp 1 Prozent auf das sichere Tagesgeld bei Banken. Ausgeblendet wird dabei, dass die 4 Prozent nur am Anfang der Investition stehen. Wie sich die Rendite im weiteren Zeitverlauf entwickelt, ist angesichts der genannten speziellen Objektrisiken nicht absehbar.

Dem großen Aufwand und den darin schlummernden großen Risiken stehen aber auch einige nicht unerhebliche Vorteile gegenüber. Der Fokus auf den wirtschaftlichen Erfolg ist uneingeschränkt, weil das eigene Geld in der Investition steckt, was sich verzinsen soll. Wer sich selbst um alles kümmert, behält den Blick für und den Zugriff auf die entscheidenden Stellschrauben. Verantwortung wird nicht delegiert, sondern selbst übernommen. Der Eigennutz kann letztlich seine ganze wirtschaftliche Kraft entfalten. Was der direkte Weg in die Immobilie vor allem voraussetzt, das ist Unternehmertum. Das bedeutet eben nicht, Geld auszugeben und die Hände danach in den Schoß zu legen. Es bedeutet, sich selbst intensiv um sein Objekt zu kümmern.

Ein komfortabler Umweg

Der indirekte Weg in die Immobilienanlage ist deutlich komfortabler, hat aber seine ganz eigenen Fallstricke. Dabei wird einem Immobilienexperten das eigene Geld anvertraut – mit der Erwartungshaltung, dass dieser sein Wissen und seine Erfahrung einbringt, um das Geld erfolgreich zu mehren. Am häufigsten geschieht dies über Fondsmodelle. Der Anleger gibt sein Geld, bekommt dafür Fondsanteile, der Fondsinitiator legt es in Immobilien an, verwaltet sie und verkauft sie wieder – idealerweise mit Gewinn. Dann wird das Geld entweder an die Anleger zurückgegeben oder neu investiert. Für seine Arbeit erhält der Fondsinitiator Gebühren – üblicherweise eine laufende Verwaltungsgebühr, die sich am gesamten Fondsvermögen bemisst, und erfolgsabhängige Gebühren.

Genutzt wird dieser Zugang zum Immobilienmarkt von großen Investoren wie zum Beispiel Versicherungen und Pensionskassen, die selbst viel Geld verwalten, genauso wie von Privatanlegern. Bei diesem Modell spart sich der Anleger das gelegentlich mühsame Tagesgeschäft. Außerdem erhält er Zugang zu Märkten, die er selbst nur mit einem sehr hohen Aufwand erschließen könnte. Wenn zum Beispiel die fernöstlichen Immobilienmärkte als sehr gewinnträchtig erscheinen, warum sollte dann ein deutscher Versicherer eigene Mitarbeiter in Fernost für den Immobilienankauf und die Immobilienverwaltung rekrutieren? Ein Fernost-Immobilienfonds, der mit einer eigenen Mannschaft ohnehin vor Ort vertreten ist, ist da eindeutig kostengünstiger und schneller.

Entscheidend ist jedoch bei der indirekten Immobilienanlage die Fondsauswahl. Die große Frage lautet: Ist der Fondsanbieter tatsächlich in der Lage, die in Aussicht gestellte Strategie erfolgreich umzusetzen und einen Mehrwert zu erwirtschaften, der auch nach den Gebühren für den Anleger noch attraktiv ist? Die Motivation des Fondsmanagers besteht darin, erfolgreich zu arbeiten, weil dadurch seine Gebühreneinnahmen steigen. Gestaltet sich die Immobilieninvestition in der Haltephase jedoch schwieriger als erwartet, ist die Motivation schnell dahin. Überraschende Auszüge von Mietern und ein hartnäckiger Leerstand sorgen für Abwertungen von Objekten, die sich unmittelbar in niedrigeren Gebühren niederschlagen. Die Neigung zu einer schnellen vermeintlichen Verlustbegrenzung durch einen verlustreichen Verkauf wird größer, weil eben nicht das eigene Geld in der Investition steckt.

Bei der Auswahl des Fondsanbieters geht es also vor allem darum, wie er in der Vergangenheit in schwierigen Situationen agiert hat beziehungsweise wie er mit schwierigen Situationen in der Haltephase umgeht. Es ist eine Besonderheit des Immobilienfondsmanagements, dass mögliche auftretende Probleme im Vorfeld nicht komplett verhindert werden können. Das ist nur im begrenzten Umfang möglich, selbst wenn die Ankaufsprüfung noch so aufwendig gestaltet wird. Die Qualität des Fondsmanagements zeigt sich im Umgang mit den auftretenden Problemen. Ist es in der Lage, diese professionell zu meistern und Lösungen zu finden – und eben nicht nur an der Reißleine zu ziehen?

Wird also zum Beispiel nach dem Auszug eines Hauptmieters rasch ein Nachmieter gefunden? Dieser prozessuale Leistungsnachweis ist im Immobiliengeschäft wesentlich bedeutender als der reine Rendite-Leistungsnachweis. Bei letzterem schwingt neben der Marktkomponente immer auch eine Zufallskomponente mit.

Wer unter den Fondsanbietern den entsprechenden Leistungsnachweis erbringen kann – im Fachjargon heißt das: wer einen positiven Track Record vorzuweisen hat –, der tut sich mit dem Einsammeln von Anlegergeld wesentlich leichter als ein Fondsanbieter, der diesbezüglich eher eine gemischte Bilanz vorweist und deshalb viel Marketingprosa bemühen muss. Anleger beziehungsweise Anlageberater, die über umfangreiche Kenntnisse im Umgang mit Fondsmanagern verfügen, schauen sehr genau auf diesen Punkt.

Unterschiedliche Einflussnahme

Der Einfluss der Anleger auf die Fondsmanager während der Haltedauer fällt sehr unterschiedlich aus. Wenig Einflussmöglichkeiten haben Privatanleger in den Offenen Immobilienfonds. Das widerspricht aber auch nicht den Intentionen dieser Anlegergruppe. Sie kaufen Anteile an einem Offenen Immobilienfonds, weil sie in ein breit gestreutes Portfolio investieren wollen. Sie wollen eine stabile Rendite und sich ansonsten so wenig wie möglich mit ihrem Anlageprodukt beschäftigen. Das Vertrauen in das Fondsmanagement und seine Leistungsfähigkeit ist entsprechend groß.

Etwas mehr Erfahrung in der Immobilienanlage haben üblicherweise Privatanleger in geschlossenen Immobilienfonds. Diese Fonds sind in ihrer rechtlichen Hülle als unternehmerische Beteiligungen angelegt. Sie weisen ein höheres Risiko auf, weil sie oft nur in ein Einzelobjekt investieren – also keine breite Risikostreuung aufweisen wie die offenen Fonds. Entsprechend haben die Anleger mehr Mitspracherechte in den regelmäßigen Gesellschafterversammlungen.

Relativ großen Einfluss können institutionelle Investoren auf ihre Fondsmanager nehmen. Dies liegt daran, dass sie mit großen Summen hantieren, ihre Gruppe aber nicht groß ist. Zu ihr gehören Banken und Sparkassen, Versicherer und Versorgungswerke, Kirchen und Stiftungen sowie die Vermögensverwaltungen reicher Privatleute, die heutzutage den schönen Namen Family Office tragen. In Deutschland stecken diese Großinvestoren gern ihr Geld in die sogenannten Immobilien-Spezialfonds, wenn sie den indirekten Weg wählen. Manchmal wird ein solcher Fonds nur für einen Investor aufgelegt. Meistens sind fünf bis zehn Investoren an Bord. Mehr als 20 Investoren sind eher unüblich.

Diese überschaubare Anzahl macht es möglich, dass sich Anleger und Fondsmanager auf direktem Wege austauschen können. An- und Verkäufe lassen sich so detailliert erläutern. Bei auftretenden Problemen während der Haltephase lässt sich erkennen, ob der Fondsmanager mit der notwendigen Ernsthaftigkeit nach Lösungen sucht. Die Entwicklung der Fondsstrategie und die Einhaltung der Anlageziele werden regelmäßig gemeinsam diskutiert und gegebenenfalls nachjustiert. Wobei der Informationsbedarf bei den Anlegern unterschiedlich ausfällt. Investoren, die über Jahrzehnte die Direktanlage pflegten und den damit verbundenen Aufwand nun über indirekte Immobilieninvestitionen zurückfahren wollen, sehen sich in dieser Übergangsphase immer noch in einer aktiveren Rolle und wollen stark in das Tagesgeschäft eingebunden werden. Investoren mit einem größeren Erfahrungsschatz in der Fondslage betreiben dagegen vor allem einen hohen Aufwand bei der Fondsauswahl. Ist die Entscheidung getroffen, genügt ihnen die laufende Berichterstattung über die Entwicklung der Objekte und die Einhaltung der Anlageziele. Vom Tagesgeschäft wollen sie nur das Nötigste wissen. Schließlich zahlen sie dem Fondsanbieter eine nicht unwesentliche Gebühr dafür, dass er sich darum kümmert.

Die wesentlichen Strategieansätze

In der Immobilienanlage gibt es drei wesentliche Anlagestrategien, auf die Investoren schauen. Wegen der beliebten Anlehnung an angelsächsische Vorbilder tragen sie die Bezeichnungen Core, Value added und Opportunistic. Allgemein anerkannte Definitionen dieser Stile haben sich noch nicht in der Branche durchgesetzt, so dass die Bezeichnungen im Alltag gelegentlich bunt durcheinander wirbeln.

Grundsätzlich ist mit *Core* die eher risikoarme Anlage gemeint – also ein langfristig an einen bonitätsstarken

Mieter vermietetes Objekt mit hochwertiger Ausstattung in den besten Lagen der wirtschaftsstärksten deutschen Metropolen. Von diesem Objekt wird erwartet, dass seine herausragenden Eigenschaften im Wettbewerb für sichere Mieteinnahmen sorgen. Dafür ist der Preis so hoch, dass die Rendite vergleichsweise niedrig ausfällt.

Value added ist auf der Risikoleiter eine Stufe darüber angesetzt und wird in der Praxis gern an den Lagen festgemacht. Das heißt, dass die erworbenen Objekte entweder in Nebenlagen der Metropolen oder in den besten Lagen von Mittelstädten zu finden sind. Für solche Gebäude ist die Nachfrage geringer als für Core-Objekte. Deshalb kann der Käufer üblicherweise einen Abschlag im Kaufpreis als sogenannte Liquiditätsprämie durchsetzen, welche die Rendite im Vergleich zu jener für ein Core-Objekt nennenswert nach oben zieht. Das Etikett Value added bekommen gelegentlich auch Gebäude verpasst, die zu einem Fünftel und mehr leer stehen. Hier lässt sich die Rendite durch eine erfolgreiche Vermietung nach oben treiben, die aber zum Kaufzeitpunkt noch nicht gegeben ist und deshalb nicht als feste Größe einkalkuliert werden kann.

Unter *Opportunistic* fällt schließlich die klassische Projektentwicklung beziehungsweise die umfassende Revitalisierung eines bestehenden Gebäudes mit allen damit verbundenen Risiken. In der Fondsanlage ist das eine Nische, weil viele Investoren das mit der potentiell hohen Rendite verbundene hohe Risiko nicht tragen wollen.

Häufig wird von Anlegern allerdings ausgeblendet, dass sich diese beliebte Kategorisierung der Anlagestile während der Haltedauer eines Objekts rasch ändern kann. So ist zum Beispiel ein Core-Objekt nach dem Ablauf eines zehnjährigen Mietvertrages üblicherweise stark renovierungsbedürftig, so dass aufwendige Instandhaltungsarbeiten notwendig sind, um den Standard und damit die Core-Einstufung zu halten. Dieser Effekt des Investitionsbedarfs nach dem ersten langen Mietvertrag wird häufig vernachlässigt, so dass sich die vermeintlich risikoarme Anlage plötzlich in eine große Enttäuschung verwandelt. Die Wertentwicklung einer guten Immobilie verläuft nicht linear nach oben. Der zwischenzeitlich notwendige Aufwand ist beträchtlich.

Tausende Privatanleger wissen davon ein Lied zu singen. Denn die Fonds, die für sie aufgelegt werden, sind zum überwiegenden Teil der Core-Strategie verpflichtet. Und trotzdem gibt es haufenweise Fondspleiten, die die Anlageform Immobilienfonds in den vergangenen Jahren arg in Verruf gebracht haben. Für die größte Erschütterung sorgte nach dem Ausbruch der Finanzkrise im Herbst 2008 die Liquiditätskrise der offenen Immobilienfonds. Die Finanzkrise war der Auslöser, ein offensichtlicher Konstruktionsfehler der offenen Immobilienfonds der Verstärker. Sie versprachen in ihrer ursprünglichen Form den Anlegern nämlich eine kurzfristige Verfügbarkeit ihres Geldes, kauften dafür jedoch Immobilien, die naturgemäß gerade während einer Finanzkrise nicht kurzfristig gehandelt werden können.

Die Folge war, dass in der Finanzkrise von den Anlegern so viel Geld aus den Fonds abgezogen wurde, dass die Fonds die Rückgabe einstellen mussten. Zahlreiche der damals bei deutschen Privatanlegern sehr beliebten Fonds befinden sich nun in Abwicklung und müssen unter Zeitdruck verkaufen. Grundsätzlich entsprechen zwar die meisten Objekte in den abzuwickelnden Fonds der gängigen Core-Einstufung. Mit der Besonderheit des Abwicklungsvorgangs kommen die Vorzüge jedoch nicht mehr in vollem Umfang zum Tragen. Betroffene Anleger werden dabei mitunter die Hälfte ihres investierten Geldes, in Einzelfällen sogar deutlich mehr, verlieren. Die gute Nachricht ist, dass der Konstruktionsfehler der Fristeninkongruenz für die überlebenden Fonds teilweise geheilt wurde, indem nun die börsentägliche Rückgabemöglichkeit der Fondsanteile auf jährlich umgestellt ist. Das bringt deutlich mehr Ruhe ins Geschäft.

Auch bei den geschlossenen Immobilienfonds kam es in der Vergangenheit regelmäßig zu Enttäuschungen. Diese Fonds wurden gern von Banken und provisionsgetriebenen Anlageberatern verkauft, weil sie ihnen eine hohe Provision einbrachten. Doch unternehmerische Beteiligung heißt eben, dass es bis zum Totalverlust des eingesetzten Geldes kommen kann. Das erlebten viele Anleger mit den Ost-Immobilienfonds, die in den ersten Jahren nach der deutschen Einheit aufkamen. Aber auch ein vermeintlich sicheres Objekt in einem Commerzbank-Fonds wie der Sitz der Deutschen Börse im Frankfurter Industriehof entpuppte sich plötzlich als Verlustbringer, als die Deutsche Börse nach dem Auslaufen des Mietvertrages in die Ortschaft Eschborn hinter der Frankfurter Stadtgrenze umzog. Die Kalkulation war damit genauso wenig haltbar wie der einstige Fondsverkäuferspruch: Die Deutsche Börse wird niemals aus Frankfurt wegziehen.

Solche schlagzeilenträchtigen Pleiten überdecken jedoch den Umstand, dass viele seriöse Anbieter auf dem Markt unterwegs sind, die ihre Prognosen einhalten. Solange Immobilien-Aktiengesellschaften in Deutschland als indirekte Form der Immobilienanlage nur ein Schattendasein führen, sind Immobilienfonds für Privatanleger der einzige relevante Zugang in den Markt. Letztlich sollten sie es deshalb halten wie die Großanleger: Beim Kauf von Fondsanteilen genau hinschauen, ob die Leistungsfähigkeit des Fondsmanagements und nicht nur die Provision für den Fondsvertrieb stimmt.

9. Der Staat spielt immer mit

Die Immobilienwirtschaft braucht staatliche Intervention – doch nicht immer so, wie sie diese bekommt.

Über Steuern, Gesetze, Verordnungen und Genehmigungsverfahren können Politiker und Behörden unmittelbar Einfluss auf das Immobiliengeschäft nehmen. Da Gebäude nicht weglaufen können, sind ihre Eigentümer ein beliebtes Ziel staatlicher Eingriffe und Zugriffe. Meist kommen sie überraschend – und können ungeahnte Nebenwirkungen mit sich bringen.

Immobilienmärkte bewegen sich nicht im luftleeren Raum. Ihre Akteure sind Teil des Gemeinwesens. Als solche sind sie angehalten, sich an die vom Staat vorgegebenen Spielregeln zu halten. Dazu gehört vor allem, regelmäßig und pünktlich die Steuern zu zahlen. Deshalb ist es nicht verwunderlich, dass sie wie alle anderen Steuerzahler im Lande die relevanten Steuerregelungen genau im Blick haben und mehr oder weniger virtuos mit ihnen umzugehen wissen.

Auf den ersten Blick ist die Anzahl der relevanten Steuerarten sogar erstaunlich übersichtlich. Die Grunderwerbsteuer müssen alle Investoren zahlen. Bei professionellen Investoren kommen noch die Körperschaft- und die Gewerbesteuer hinzu, bei Privatinvestoren die Einkommensteuer für die Erträge aus Vermietung und Verpachtung sowie die Erbschaft- beziehungsweise Schenkungsteuer bei der Übertragung von Immobilienvermögen. Regelmäßig fällt zudem die Grundsteuer an.

Der beherzte Zugriff auf die Substanz einer Immobilie und auf ihre Erträge ist ausgesprochen beliebt unter den Politikern im Lande. Ein Dach über dem Kopf ist bekanntlich ein Grundbedürfnis jedes Menschen. Gleichzeitig können Häuser nicht einfach weglaufen und sich damit dem staatlichen Zugriff entziehen. Mit Widerstand muss zwar gerechnet werden, aber der ist überschaubar. Wie wir schon gehört haben, fehlt es der Immobilienbranche in ihrer politischen Lobbyarbeit an Schlagkraft.

Wie ohne Rücksicht auf Verluste zugegriffen wird, war in den vergangenen Jahren bei der Grunderwerbsteuer zu sehen. Ursprünglich lag diese bundesweit bei 3,5 Prozent 2006 bekamen die Bundesländer die Hoheit über den Steuersatz übertragen. War in der Bundespolitik ursprünglich erwartet worden, dass nun ein Senkungswettbewerb eintritt, weil geringere Erwerbsnebenkosten einen Standort attraktiver machen, so trat genau das Gegenteil ein. Inzwischen ist ein Erhöhungswettbewerb im Gange, den momentan Schleswig-Holstein und ab 1.1.2015 Nordrhein-Westfalen und das Saarland mit 6,5 Prozent anführen. Damit können die Erwerbsnebenkosten, zu denen neben der Grunderwerbsteuer noch Maklercourtage, Notargebühren und Bankbearbeitungsgebühren gehören, inzwischen ganz schnell mehr als 10 Prozent des Kaufpreises ausmachen. Geld, das mit der Unterschrift unter dem Kaufvertrag auf einen Schlag weg ist, weil ihm kein Wert entgegensteht.

Der Fiskus hält die Hand auf

Erschwerend kommt für Immobilieninvestoren hinzu, dass sie sich im Klammergriff verschiedener staatlicher Hierarchien befinden. Mit den jüngsten Erhöhungen der Grunderwerbsteuer füllen die Bundesländer ihre Haushaltskassen. Die Grundsteuer ist wiederum eine Möglichkeit für die chronisch klammen Kommunen, ihre Einnahmesituation zu verbessern. Doch auch der Bund und Europa verlangen ihren Anteil.

Ein Trost kann an dieser Stelle lediglich sein, dass Steuern auf Immobilien manchmal auch einfach wieder in der Versenkung verschwinden können. Ja, das hat es tatsächlich schon gegeben: Zum Beispiel bei der sogenannten Baulandsteuer, die Anfang der sechziger Jahre in Deutschland erhoben wurde. Die Baulandsteuer war eine Form der Grundsteuer, bei der auf baureife Grundstücke höhere Abgaben fällig wurden. Damit sollten die Eigentümer animiert werden, schneller mit dem Bauen zu beginnen. Das linderte die Wohnungsnot und hielt die Bauwirtschaft in Schwung. Als der beobachtete Effekt eintrat, verschwand die Baulandsteuer auf Nimmerwiedersehen.

Der Staat ist sich durchaus bewusst, welch großen Einfluss er mit seiner Steuerpolitik ausüben kann. Allein der Effekt höherer oder niedrigerer Steuereinnahmen auf die Finanzierung der öffentlichen Haushalte greift viel zu kurz. Mit gezielten Eingriffen lassen sich auch die Richtung der Geldströme und die Struktur von Transaktionen lenken. Politischer Gestaltungsspielraum nennt sich das. Ist die Ankurbelung von Neubauaktivitäten politisch gewünscht, greifen steuerliche Abschreibungsmöglichkeiten am schnellsten. Soll die Wohneigentumsquote in bestimmten Bevölkerungsschichten nach oben gehievt werden, kann der gezielte Einsatz von Fördergeld, wie etwa bei der Eigenheimförderung, helfen. Im Hintergrund steht auch immer die staatliche Förderbank KfW bereit, deren zinsvergünstigte Darlehen zusätzliche Wegweiser in die politisch gewünschte Richtung sind, etwa wenn die Energieeffizienz von Gebäuden gesteigert werden soll.

Steuerliche Abschreibungsmöglichkeiten waren in der Vergangenheit ein wesentlicher Treiber des Immobiliengeschäfts. Für vermietete Objekte konnten bis Ende 2005 im Jahr der Fertigstellung beziehungsweise des Ankaufs und in den folgenden neun Jahren jeweils 4 Prozent der Herstellungs- beziehungsweise Anschaffungskosten abgeschrieben und als sogenannte Absetzungen für Abnutzung – kurz AfA – steuerlich geltend gemacht werden. Doch das ist Vergangenheit. Dieser wirtschaftlich attraktive Effekt für die Eigentümer ist inzwischen deutlich zurückgefahren worden. Inzwischen gilt die lineare Abschreibung über 50 Jahre mit einem Abschreibungssatz von nur noch 2 Prozent pro Jahr – auch am Anfang der Investition.

Musterbeispiel Sonder-AfA Ost

Sonderabschreibungen, die über dem üblichen Rahmen liegen, können ungeahnte Kräfte in der Immobilienbranche entfalten. Am anschaulichsten zu besichtigen war dies in den Jahren nach der deutschen Einheit in den damals Neuen Bundesländern. Die sogenannte Sonder-AfA Ost löste einen Bauboom ohnegleichen aus. Aus den Trümmern der im Sozialismus verwahrlosten Städte wuchsen frisch sanierte Straßenzüge sowie zahlreiche neue Siedlungen, neue Einkaufszentren und neue Bürohäuser hervor.

Angesichts dieser Erfahrung waren die jüngsten Forderungen von einzelnen Bundespolitikern nach einer Sonderabschreibungsmöglichkeit für die energetische Gebäudesanierung nachvollziehbar. Um die klimapolitischen Ziele der Bundesregierung tatsächlich zu erreichen, muss vor allem im Gebäudebestand der Energieverbrauch gesenkt werden. Eine Sonder-AfA Klimaschutz könnte an dieser Stelle sofort Wirkung zeigen. Allerdings scheint immer noch den meisten Politikern die Dynamik nicht ganz geheuer zu sein, die sie damit auslösen könnten. Die drohenden Einnahmeverluste für den Fiskus erscheinen zu hoch.

Am Beispiel der einstigen Sonder-AfA Ost lässt sich aber auch die Kehrseite staatlicher Subventionspolitik über Steuervorteile besichtigen. Denn die Sonder-AfA funktionierte nach dem Prinzip Gießkanne. Dies führte dazu, dass am Bedarf vorbei gebaut wurde. Das böse Erwachen kam diesbezüglich nach dem Auslaufen der Sonderabschreibungsmöglichkeiten: Leerstehende Wohnungen, in denen viele Anleger ihre Ersparnisse versenkten; ungenutzte Büros, mit denen Immobilienfonds vor die Wand fuhren und ihren Anlegern Verluste bescherten. Mit dem Steuerspartrieb hatte der gesunde Menschenverstand ausgesetzt. Die Steuerersparnis konnte die im Betrieb eingefahrenen Verluste schon bald nicht mehr ausgleichen. Viel schlimmer: Der Fiskus pochte auch noch auf die Gewinnerzielungsabsicht, die nachgewiesen sein müsse. Ansonsten muss der gewährte Steuervorteil zurückgezahlt werden. Das traf viele Privatanleger völlig auf dem verkehrten Fuß. Erst war ihr Geld weg – und dann sah das Finanzamt in ihrer leerstehenden Wohnung im Osten auch noch ein Liebhaberobjekt.

In der Wissenschaft münden solche Erfahrungen mit staatlichen Interventionen in der empirischen Feststellung, dass jeder Staatseingriff auf drei unterschiedlichen Ebenen wirkt: Zunächst einmal wirken sie auf dem vorgesehenen Markt in der beabsichtigten Weise. Beim konkreten Beispiel Sonder-AfA Ost geschah dies in der Form, dass der Sanierungsstau aufgelöst und der Mangel an verfügbarer Wohn- und Gewerbefläche behoben wurde. Steuerliche Instrumente haben auf dem vorgesehenen Markt aber auch Nebenwirkungen. Im konkreten Fall war das der strukturelle Leerstand, weil zu viel am tatsächlichen Bedarf vorbei gebaut wurde. Schließlich gibt es noch eine dritte Ebene: Der staatliche Eingriff über staatliche Instrumente wirkt sich auch auf angrenzende Märkte in zuvor nicht absehbarer oder verdrängter Weise aus. Davon wissen die Kommunen in den einstigen Zonenrandgebieten ein Lied zu singen. Angelockt von den steuerlichen Subventionen im Osten zogen viele kleine und mittelständische Unternehmen einfach ein paar Kilometer weiter auf die andere Seite der Landesgrenze, beackerten aber weiterhin ihren alten Markt. Die spür- und sichtbaren Folgen an ihrem ursprünglichen Standort waren ein steigender Leerstand an Gewerbeflächen und geringere Steuereinnahmen. In der öffentlichen und politischen Diskussion wird meistens nur über den direkten, ersten Effekt diskutiert. Es ist aber gut möglich, dass die beiden anderen Effekte die durchaus vorteilhaften Zieleffekte überkompensieren. Um diese Folgen dann später wieder auszugleichen, muss ein neuer Regeltatbestand her. So entsteht eine Interventionskaskade, deren Nettowirkungen später niemand mehr ermitteln kann.

Für die Marktteilnehmer ebenso schwierig ist die Planbarkeit der staatlichen Intervention. Gerade für die Eigentümer von vermieteten Immobilien ist es eine große Herausforderung, eine verlässliche Prognose über die anfallenden steuerlichen Belastungen zu treffen. Der Gesetzgeber agiert dafür zu sprunghaft. Die relevanten Zeithorizonte der beiden Seiten sind letztlich auch zu unterschiedlich. Immobilieneigentümer haben üblicherweise einen langfristigen Anlagehorizont, in dem Erträge aus dem Objekt fließen sollen. Politiker orientieren sich dagegen an den vergleichsweise kurzen Legislaturperioden. Für die Wiederwahl müssen deshalb kurzfristig vorzeigbare Erfolge her. Diese Inkongruenz lässt sich nicht lösen. Man kann sich nur auf sie einstellen.

Sollten tatsächlich einmal steuerliche Wohltaten gewährt werden, ist es keine gute Idee, wenn sich Geschäftsmodelle ausschließlich auf den jeweiligen speziellen Effekt gründen. So schnell, wie solche Vorteile gekommen sind, können sie auch schon bald wieder verschwunden sein.

Eingrenzungen via Gesetz

Dabei ist die Sprunghaftigkeit der Politik nicht nur auf die steuerlichen Regelungen beschränkt. Sie gilt für alle Aktivitäten des Gesetz- und Verordnungsgebers, die die Immobilienbranche in irgendeiner Form tangieren. Baugesetzgebung, Mietrecht, Energieeinsparverordnung, Gesellschaftsrecht: Ändern sich Spielregeln, ändern sich rasch auch ganze Märkte. Dabei ist das gleiche Phänomen zu beobachten wie bei den Steuern: Neben dem gewünschten Effekt treten auch Nebenwirkungen auf, mit denen nie mand gerechnet hat.

So ist der Wohnungsmarkt inzwischen erheblichen politischen Risiken ausgesetzt. Mit dem Anstieg der Mieten in wirtschaftsstarken Großstädten wie München, Frankfurt und Hamburg, aber auch in prosperierenden Mittelstädten wie Freiburg oder Heidelberg ist „bezahlbarer Wohnraum" eine beliebte politische Floskel geworden. So beliebt, dass damit auch erfolgreich Wahlkampf betrieben werden kann. Dabei steigen die Mieten in Deutschland gemäß den Statistiken von Eurostat seit dem Jahr 2000 unter allen europäischen Ländern am zweitlangsamsten. Nur in Zypern war der Mietanstieg in dieser Zeit geringer – und wählt man das Analysefenster etwas weiter, so überholt Zypern auch noch Deutschland.

Im Bundestagswahlkampf 2013 entdeckten die großen Parteien dennoch den Anstieg der Mieten als wichtiges Thema. Die Floskel vom „bezahlbaren Wohnraum" mündete dabei in dem Modell einer Mietpreisbremse. Danach sollen die Mieten, die auf besonders stark angespannten Wohnungsmärkten bei Neuvermietungen verlangt werden, ab einem bestimmten Prozentsatz gekappt werden, der über der ortsüblichen Vergleichsmiete liegt. Das Problem ist nur, dass die Kriterien für die Aufstellung von örtlichen Mietspiegeln nicht eindeutig geregelt sind. Grundsätzlich klang es also für die Mehrheit der Bevölkerung gut, dass Mieterhöhungen begrenzt werden sollen. Der Teufel steckt wie immer im Detail.

Während sich also die politische Diskussion nach der Bundestagswahl darum drehte, in welchen Städten und Regionen die Mietpreisbremse überhaupt eingeführt werden soll, wie sich eine ortsübliche Vergleichsmiete errechnet und welche Unterscheidungen bei Neuvermietungen zwischen Neu- und Altbauten zu treffen sind, passierte auf den besonders angespannten Wohnungsmärkten vor allem eines – die Mieten stiegen noch schneller als zuvor. Der Grund dafür ist plausibel: Angesichts des aufziehenden Regulierungsunwetters nutzten Vermieter noch schnell die Gunst der Stunde, um bei jeder sich bietenden Gelegenheit noch einmal einen kräftigen Aufschlag durchzusetzen. Was eigentlich verhindert werden sollte, wurde nun zu einer breiten Marktbewegung.

Was bleibt, ist die Erkenntnis, dass sich gerade der Wohnungsmarkt mit seiner extrem inhomogenen Eigentümerstruktur nur schwer in solche Regelwerke wie die Einführung einer Mietpreisbremse pressen lässt; und dass der Staat nicht davor zurückscheut, auf dem Wohnungsmarkt den Preismechanismus auszuhebeln. Der Preis hatte signalisiert, dass es eine Knappheit an Wohnraum in bestimmten Städten gibt. Dem lässt sich mit dem Neubau von Wohnraum begegnen. Darauf wurde nicht eingegangen, sondern stattdessen die Mietpreisbremse gezogen. Es wurde damit nicht auf das Preissignal reagiert, es wurde einfach ausgeschaltet. Das kann sich später einmal rächen. Anreizprogramme für die Schaffung von Wohnraum und in der Übergangszeit bis zum Wirken dieser Aktivitäten staatliche Transfers für besondere Notfälle – das wäre die bessere Lösung gewesen.

Dabei soll nicht der Eindruck erweckt werden, der Staat könne sich vom Wohnungsmarkt zurückziehen. Märkte können unerwünschte Ergebnisse erzielen. Dies können Zuteilungsprobleme sein, dass Menschen mit bestimmten Merkmalen keinen angemessenen Wohnraum erhalten, oder Verteilungsprobleme, dass Menschen zwar Wohnraum bekommen, dieser aber unserer Vorstellung einer würdigen Unterkunft nicht entspricht. Bei dieser Diskussion darf der Dreiklang aus den Wirkungsmechanismen nicht aus dem

Auge verloren werden, denn sonst bezahlt man die (etwas) bessere Wohnraumversorgung mit einem Verlust von Bautätigkeit und einem Verlust an Arbeitsplätzen.

Werthebel Baugenehmigung

Ist der Staat in seiner Rolle als Gesetzgeber noch weit vom einzelnen Objekt entfernt, so wird er spätestens bei der Erteilung von Baugenehmigungen zum aktiven Marktakteur. Die Schaffung von Baurecht ist in der weiten Welt der Immobilienbranche ein eigenes Geschäftsfeld, mit dem sich viel Geld verdienen lässt. Wer auf der Klaviatur der Genehmigungsverfahren virtuos zu spielen versteht, dem sind hohe Erträge sicher. Allerdings ist die Beherrschung dieser Kunst alles andere als banal. Die Baunutzungsverordnung führt zahlreiche Punkte auf, die sich dann in Flächennutzungsplänen und Bebauungsplänen wiederfinden. Das geplante Objekt muss dann in ein ganz spezielles Raster aus baulicher Nutzung und baulichen Vorgaben passen. Da ist zum Beispiel die Grundflächenzahl, die festlegt, wie groß bei einem Grundstück der Anteil der überbauten Grundfläche im Verhältnis zur Gesamtfläche sein darf. Da ist die Geschossflächenzahl, die dem potentiellen Bauherrn vorgibt, wie groß die umbaute Fläche im Verhältnis zur Grundstücksfläche höchstens sein darf.

Kein Zweifel, der Einfluss der Genehmigungsbehörde auf die Ausgestaltung eines Bauvorhabens ist nicht nur oberflächlich. Für Außenstehende erschließt sich dies meist jedoch erst, wenn sich solche Verfahren bei Großinvestitionen über mehrere Jahre hinziehen – immer mit offenem Ausgang. Am eindrucksvollsten zu beobachten ist dies bei großflächigen innerstädtischen Shoppingcentern, die neu entstehen sollen. Für Immobilieninvestoren sind sie besonders lukrativ, weil sich mit ihnen der größte Ertrag pro Quadratmeter aus der Fläche erwirtschaften lässt. Doch unter städtebaulichen und damit kommunalpolitischen Aspekten sind solche Vorhaben umstritten. Einzelhändler vor Ort machen regelmäßig Front, weil sie einen Verdrängungswettbewerb befürchten. Und die Städte ringen um die Verteilung der Kaufkraft in einer Region. Es ist ein Vabanquespiel um die Genehmigung, bei der die Investoren stark in Vorleistung gehen müssen. Sie müssen zunächst in Überzeugungsarbeit investieren – nicht in Steine und Beton.

Doch sind am Ende alle wichtigen staatlichen Entscheidungsträger von der Sinnhaftigkeit des Projekts für Stadt und Umfeld überzeugt, passt das Bauvorhaben ins vorgegebene Raster und wird die gewünschte Bau- und Nutzungsgenehmigung erteilt – dann ist der Zahltag nicht mehr weit. Dann ist Baurecht geschaffen worden, wie es in der Branchensprache heißt. Eine wesentliche Hürde wurde genommen.

Ob das dem Stadtbild gut tut, steht freilich auf einem anderen Blatt. Ausgefeilte Masterpläne und aufwendige Bebauungspläne haben nicht verhindert, dass offensichtliche Renditeobjekte überall im Lande das Neubaugeschehen prägen.

Das Motto lautet: So viele Quadratmeter wie möglich, um so viel Geld wie möglich aus dem Bau zu ziehen. Es ist ein großer Widerspruch zu den Möglichkeiten der Behörden, unmittelbaren Einfluss auf die wesentlichen Details der Planungen zu nehmen.

Das Verhältnis zwischen Immobilieninvestoren und dem Staat ist nicht spannungsfrei. Die Immobilienbranche fühlt sich überreguliert bis regulatorisch stranguliert. Die Politik wiederum sieht das Immobiliengeschäft viel zu sehr aus der Fiskus-Perspektive einer ewig und stetig sprudelnden Geldquelle – kurzfristig verfügbar, um schnell Haushaltslöcher zu stopfen.

DIE VORURTEILE

Rheinländer sind fröhlich, Norddeutsche sind wortkarg, Briten haben Humor und Asiaten sind gut in Mathematik. Natürlich sind solche Vorurteile oberflächlich. Denn sie passen nur so lange, bis man auf einen wortkargen Rheinländer oder einen extrovertierten Hamburger trifft. Menschen pflegen Vorurteile, um eine komplizierte Welt leichter zu verstehen. Das könnte sogar vorteilhaft sein. Dann nämlich, wenn man sich nur selten irrt und die mit dem Irrtum verbundenen Probleme überschaubar bleiben, oder wenn ein Vorurteil hilft, Transaktionskosten einzusparen, die langes Abwägen nun einmal mit sich bringt.

Auch Immobilienmarktakteure pflegen mitunter ihre Vorurteile, und auch dies kann durchaus sinnvoll sein. Allerdings sollten die verwendeten Binsenweisheiten regelmäßig überprüft werden. Denn manchmal führt eine bewährte Regel plötzlich in die Irre. Dann liegen Renditemöglichkeiten genau dort, wo die Vorurteile nicht hinreichen.

10. Lage, Lage, Lage

Es gibt mehr gute Lagen, als viele Investoren vermuten.
Die Lage einer Immobilie ist entscheidend, denn eine Immobilie ist über die gesamte Nutzungsdauer mit ihr untrennbar verbunden. Alles lässt sich an einem Objekt verändern, nur nicht die Lage. Daher ist es richtig, dass der Standort über die Renditemöglichkeiten einer Immobilie maßgeblich mitentscheidet. Was jedoch eine gute Lage ist, hängt vom konkreten Objekt, von der angestrebten Nutzung und vom Zeitpunkt ab.

Es gibt Formulierungen, denen man einfach nicht aus dem Weg gehen kann. Bei Ökonomen ist solch eine Formulierung die letztlich immer richtige, allerdings nicht besonders hilfreiche Standardantwort: „Es kommt ganz darauf an." Damit liegt man nie falsch – und sagt gleichzeitig nichts Konkretes aus. Bei Veröffentlichungen in den Geistes-, Wirtschafts- und Rechtswissenschaften ist eine geradezu unvermeidliche Formulierung in Überschriften „Dies und das, quo vadis?" Im Gemeinsamen Verbundkatalog (der nord- und mitteldeutschen Länder) findet man fast 2.700 Einträge, bei denen „Quo vadis" in der Titelbeschreibung steht. Mal ist es „Quo vadis Laufbahnrecht", ein anderes Mal „Quo vadis Vorratsdatenspeicherung". Bei „quo vadis, Homo harburgensis" blieb der Autor im Titel wenigstens der Sprache treu. Wahrscheinlich ist unter überarbeiteten und uninspirierten Wissenschaftlern nur noch die Überschriftenergänzung „Chancen und Risiken" im Titel beliebter. Solche Formulierungsstandards mögen zuweilen ermüden, wirklich ärgerlich sind sie aber natürlich nicht. Anders verhält es sich, wenn das eintrainierte Sprachbild zur ungenauen oder sogar falschen Binsenweisheit wird.

Auch in der Immobilienwirtschaft haben sich ein paar eingängige Sprüche festgesetzt, die mitunter geradezu als Offenbarung gedeutet werden. Auf die Frage nach den drei wichtigsten Faktoren für den Erfolg einer Immobilieninvestition antworten bereits die Erstsemester der Immobilienwirtschaft mit Begeisterung: „Lage, Lage, Lage". In allen entwickelten Ländern der Welt dürfte die Antwort genauso ausfallen – der Unterschied liegt nur in der jeweiligen Heimatsprache. Die Frage an dieselben Studenten im ersten Semester, über welche Wirkungskanäle die Geldpolitik Immobilienpreise beeinflussen könnte, wird da schon deutlich weniger treffsicher beantwortet. Auch das ist wahrscheinlich weltweit so.

Leider ist der Urheber des Ausspruchs „Lage, Lage, Lage" unbekannt. William Safire von der New York Times begab sich im Jahr 2009 einmal auf die Suche nach dem Ursprung des Zitats. Bei einer Fundstelle aus dem Jahr 1926 brach er die Suche ab. Auf jeden Fall schien schon damals „location, location, location" zur DNA der Immobilienwirtschaft zu gehören. Denn die Wendung fand sich ohne weitere Erläuterung in einer Werbebotschaft.

Wichtiger als der Ursprung sind die Bedeutung und Interpretation des Spruchs. Meistens wird damit zum Ausdruck gebracht, dass die Wahl des richtigen Standorts für den Werterhalt beziehungsweise die Wertentwicklung einer Immobilie der ausschlaggebende Faktor ist. Andere Faktoren mögen auch eine Rolle spielen. Doch wenn bei der Standortentscheidung ein Fehler gemacht wird, lässt sich dies nur schwer durch andere Entscheidungen kompensieren. Die meisten Nutzer der Wendung sind sich durchaus bewusst, dass sie eine Vielzahl komplizierter Wirkungszusammenhänge der Immobilienmärkte allein auf den Faktor Lage aphoristisch verkürzen. Solange man sich dessen bewusst ist, muss man auch nicht an solchen spielerischen Sprachübungen herummäkeln.

Kritisch wird es jedoch, wenn Immobilieninvestoren beginnen, das Zitat für konkrete Anlageentscheidungen unzulässig zu verallgemeinern. Am häufigsten passiert dies in Verkaufsbroschüren und Verkaufsgesprächen, um den Eindruck zu erwecken, dass gute Lagen auch immer teure Lagen sind. Diese liegen in Europa üblicherweise in den Innenstädten. Auf den ersten Blick ist diese Argumentation durchaus nachvollziehbar, denn nur in den kompakten Ballungsräumen sind nicht vermehrbare Standorte und historisch beeindruckende Zentren zu finden. Wenn diese Standorte mit urbanen Annehmlichkeiten verbunden werden, dann liegt die Schlussfolgerung nahe, dass die teuersten Immobilien auch genau in der Innenstadt liegen.

Unverzichtbare Standortanalyse

Doch genau an dieser für Europäer so selbstverständlichen Beobachtung lohnt es innezuhalten. Vor 15 Jahren erschien in der European Economic Review ein Artikel von Jan Brückner, Jacques-François Thisse und Yves Zenou. Die drei Ökonomen stellten die vermeintlich einfache Frage, warum die Wohlhabenden in der Pariser Innenstadt wohnten, während sich die einkommensstärksten Haushalte in Detroit eher in der Peripherie ansiedelten. In ihrem Artikel argumentieren die drei Wissenschaftler, dass dies eben an der unterschiedlichen Ausstattung mit Annehmlichkeiten in den jeweiligen Städten liegt. In Paris gibt es haufenweise Parks, Cafés, Prachtstraßen, Sehenswürdigkeiten. In Detroit gibt es eine solche Dichte an Annehmlichkeiten nicht einmal annähernd. Selbst gute Schulen oder andere wichtige Infrastruktureinrichtungen können das nicht kompensieren.

Doch ist diese Unterscheidung zwischen Paris und Detroit wirklich stichhaltig genug, um überzeugte Investoren in den Innenstädten nachdenklich zu machen? Wohl kaum. Erstens könnten sie einwerfen, dass die Daumenregel mit den guten Lagen in den Zentren eben nur auf europäische Städte mit ihren historischen Kernen, ihrer größeren Durchmischung und der spezifischen sozialen Infrastruktur zutrifft. Und zweitens ließe sich argumentieren, dass man sich erst einmal darüber informieren muss, wo sich in einer Stadt die sehr guten und damit teuren Lagen befinden – und erst dann und auch nur dort investiert.

Dennoch ist die Botschaft wertvoll, die uns die unterschiedlichen Marktergebnisse aus Paris und Detroit vermittelt. Denn sie erinnert uns daran, wie genau man sich mit einzelnen Märkten beschäftigten sollte, bevor Argumentationsblaupausen übernommen werden. Dies gilt nicht nur, weil Städte sich unterscheiden, sondern auch, weil sich Lagen in Städten unterschiedlich entwickeln. Dies kann strukturelle wie auch konjunkturelle Gründe haben. Immobilienanleger sollten sich also immer darüber im Klaren sein, dass eine gute Lage nicht nur eine räumliche Komponente hat, sondern ebenso eine zeitliche – und immer auch eine funktionale.

Die zeitliche und funktionale Dimension lässt sich besonders einprägsam am Beispiel von Büroimmobilien in der Frankfurter Innenstadt darstellen. Diese erzielten in den frühen 1990er Jahren bereits Spitzenmieten von rund 50 Euro je Quadratmeter. Doch im Zuge der konjunkturellen Abkühlung gaben die Mieten bis Mitte der 1990er Jahre um etwa 40 Prozent nach. Sie erreichten die 50-Euro-Marke erst wieder im Zuge der Internet-Euphorie in den Jahren 2000/2001.

Diese währte jedoch nicht lange – und genauso kurz hielten sich die Bürospitzenmieten in Frankfurt oberhalb der 50 Euro. In der Folge von übermäßiger Neubautätigkeit und schwindender Nachfrage brachen sie nun nachhaltig ein. Selbst im Sommer 2014 lag die Spitzenmiete für Frankfurter Büroflächen nur bei etwa 35 Euro – 30 Prozent unterhalb des Wertes vor bald einem Vierteljahrhundert. Und dies sind nur die nominalen Werte. Wären die Frankfurter Bürospitzenmieten in den letzten Jahren genauso schnell gestiegen wie die Verbraucherpreise, so müssten sie im Jahr 2014 bei fast 80 Euro pro Quadratmeter liegen.

Wer also zum falschen Zeitpunkt selbst in der „besten" Lage ein Büroobjekt in der Frankfurter Innenstadt gekauft hat, muss einen sehr langen Weg zurücklegen, bis eine reale Rendite anfällt. Erschwerend kommt nämlich hinzu, dass gerade in den Boomphasen üblicherweise auch noch die Vervielfältiger (siehe Kapitel 4) höher ausfallen als in konjunkturellen Schwächephasen. Je höher der Vervielfältiger, umso teurer ist eine Immobilie in Relation zur aktuell vereinbarten Jahresmiete. Das ist übrigens keine Binsenweisheit, sondern eine mathematische Gesetzmäßigkeit.

In Aufschwungjahren überwiegt der Optimismus. Investoren und Finanzierer setzen auf steigende Mieten. Der Zugang zu Fremdkapital ist einfacher und sorgt für Gerangel um die Objekte: Die Preise und damit die Vervielfältiger steigen. Doch Vorsicht vor dem Umkehrschluss für Abschwungjahre. Dann wird in (nahezu) allen Lagen Geld verloren, auch in peripheren Frankfurter Büromarktstandorten. Immerhin schwankten dort die Mieten und Preise nicht so stark wie im Bankenviertel. Dies gilt übrigens nicht nur absolut, sondern auch prozentual. Nach der Jahrtausendwende sanken die Spitzenmieten in der Frankfurter Innenstadt beispielsweise um 40 Prozent, während die Mieten in Stadtrandlagen nur um knapp 25 Prozent nachgaben. Das heißt, für Investoren in den besten Lagen war es viel wichtiger, den richtigen Investitionszeitpunkt zu treffen als für Anleger in Randlagen. Was also eine betriebswirtschaftlich gute Lage ist, ist immer auch eine Frage der Zeit und Marktphase.

Genauer Blick auf den Vervielfältiger

Der Vervielfältiger ist ein guter Gradmesser für wahrgenommene Risiken. Je niedriger er ausfällt, umso länger dauert es, bis sich die Investition (ohne Mietsteigerungen) amortisiert hat. Ein Investor, der bereit ist, einen hohen Vervielfältiger zu zahlen, fühlt sich also entweder sehr sicher, dass sein Geld in dem Investitionsobjekt langfristig gut gesichert ist – oder er spekuliert auf deutliche Mietsteigerungen in der Zukunft.

So oder so, Märkte sorgen für Ausgleich. Deshalb sind die Vervielfältiger für Objekte in der Peripherie üblicherweise niedriger als für Objekte in der Toplage, um damit die empfundene höhere Wertsicherung beziehungsweise das höhere Mietsteigerungspotential in der Innenstadt gegenüber den Randlagenimmobilien zu spiegeln. Liegt der Vervielfältiger für ein Büroobjekt in der Innenstadt beispielsweise bei dem 20-Fachen der Jahresmiete, was einer Mietrendite von 5 Prozent entspricht, dann wäre für Stadtrandobjekte ein Vervielfältiger von etwa 15,5 angemessen, wenn der Investor von Miet- und Wertsteigerungen pro Jahr für die

Innenstadt von 2 Prozent und für die Randlagen von nur 1 Prozent ausgeht.

Die Relation aus Innenstadt- und Stadtrandvervielfältigern ist also immer ein Reflex der impliziten relativen Erwartungen an Miet- und Wertsteigerungen. Wenn man also feststellt, dass die Vervielfältiger in der Innenstadt steigen, jene für Stadtrandlagen aber nicht, dann stellt sich sofort die Frage, ob sich an der relativen Einschätzung etwas geändert hat. Dies ist natürlich möglich, aber nicht zwingend. Investoren sollten solche Strukturveränderungen ganz genau auf ihren Gehalt prüfen.

Dementsprechend leitet sich die Qualität einer Lage nicht allein aus geografischen Merkmalen ab, sondern eben aus konkreten relativen, zeitlichen und räumlichen Bezügen zu Alternativobjekten, die aktuell verfügbar sind. So kann in dem einen Jahr eine einfache Randlage gut sein, in einem anderen Jahr dann wieder die Toplage in der Innenstadt – aber eben nicht per se für alle Marktphasen und alle relativen Preise.

Schon jetzt zeigt sich die Komplexität, die hinter dem scheinbar banalen Spruch „Lage, Lage, Lage“ steckt. Dabei bewegten wir uns bislang nur innerhalb einer einzelnen Immobilienklasse. Letztlich muss man die Argumentation aber ausweiten auf den Vergleich der relativen Preise aller Immobilienklassen in den einzelnen Marktphasen und Standorten.

In unsicheren Rezessionsjahren, wenn Einkommen und Beschäftigungszahlen bestenfalls stagnieren, können sich einfache Lagen für Supermärkte und Discounter als stabile Garanten für Mieteinnahmen erweisen, während die Mieten und Preise für aufwendig sanierte, neue Büroflächen in der Innenstadt sinken. Natürlich können Gewerbeflächen in der Nähe von Flughäfen und Autobahnen in jedem konjunkturellen Umfeld für Logistik- und Unternehmensimmobilien richtig sein. Sie können dem gesamtwirtschaftlichen Abschwung zwar nicht ausweichen, stehen jedoch vergleichsweise günstig.

Schließlich muss noch eine weitere Komplikation aufgeführt werden. Denn bisher haben wir auf der Basis einer weitgehend statischen Lehrbuchwelt argumentiert. Es gab dort zwar konjunkturelle Zyklen, diese sind aber leidlich verlässlich. Schade eigentlich, dass in der realen Welt weder diese konjunkturellen Zyklen in Gestalt und Länge verlässlich sind, noch dass sie die einzigen Schwankungsrisiken darstellen. Es gilt noch nicht einmal das bisher unterschwellig enthaltene Argument, dass Toplagen grundsätzlich höheren Miet- und Preisschwankungen unterworfen sein könnten als periphere Lagen.

(Un)berechenbare Marktzyklen

Fangen wir mit der uneinheitlichen Zykluslänge an: Für die Frankfurter Büromärkte hatten wir schon erwähnt, dass die Bürospitzenmieten direkt nach der Wiedervereinigung einen Höchstwert von rund 50 Euro pro Quadratmeter erreichten und diesen nach deutlichen Rückgängen erst wieder im Jahr 2001 erzielten. Heute, 13 Jahre später, sind die 50 Euro erneut in weiter Ferne. Um aber nicht dem Vorwurf ausgesetzt zu werden, wir würden immer nur mit einem ganz besonderen und für Deutschland untypischen Hochhausmarkt argumentieren, schauen wir uns den Münchener Wohnungsmarkt an. Zwischen 1975 und 1994 gab es praktisch überhaupt kein Jahr mit Preisrückgängen bei Neubauwohnungen. Dann kamen fünf Jahre mit Preisrückgängen – und seit 2011 galoppieren die Preise jährlich mit zweistelligen Zuwachsraten schneller als in den ersten Wiedervereinigungsjahren. Auf dem Berliner Wohnungsmarkt passierte zwischen 1994 und 2008 preislich rein gar nichts. Inzwischen explodieren auch dort die Preise in einem Maße, das es die frühen 1990er Jahre in den Schatten stellt. Die Beispiele machen deutlich: Zykluslängen unterscheiden sich regional, nach Immobilienklassen und in der Zeit.

Diese Unterschiede haben viel damit zu tun, dass es neben den konjunkturellen Bewegungen auch unterschiedlich wirkende strukturelle Einflussfaktoren gibt. Die Internet-Euphorie hat eben in erster Linie die Büromärkte in Frankfurt, München oder Düsseldorf beflügelt. Die Finanzmarktkrise hat in der ersten Phase vor allem große Gewerbeimmobilienfinanzierungen erschwert; kleinere Wohnungsfinanzierungen wurden sogar eher begünstigt, weil Banken dort ein stabiles Geschäft witterten. Der Online-Handel belastet Einzelhandelsimmobilien und begünstigt Logistikimmobilien. Wenn man sich also Gedanken über gute Lagen macht, geht es sowohl um eine relative Einschätzung, wo sich welcher funktionale und regionale Markt innerhalb seines konjunkturellen Zyklus befindet, als auch darum, welche Trends in den nächsten Jahren wirken könnten.

Letztlich bergen solche Strukturverschiebungen große Chancen für Immobilieninvestoren, wenn durch die Veränderung in einer Immobilie Transformationspotentiale gehoben werden können. Als beispielsweise Loft-Wohnen beliebter wurden, ließen sich alte Industrieimmobilien, die bis dahin brachlagen, plötzlich einer neuen Nutzung zuführen. Durch die Strukturveränderung – manchmal auch nur durch einen visionären Projektentwickler – wurde die Qualität einer Lage neu definiert. Doch auch hier gab es ein Zusammenspiel aus funktionalen, räumlichen und zeitlichen Bezügen, um die Lage neu zu bewerten.

Preisschwankungen allerorten

Bleibt noch die dritte Relativierung: Es ist kein Naturgesetz, dass die teuren Lagen grundsätzlich höheren Schwankungsrisiken unterworfen sind als einfache Lagen. Für die meisten Büromärkte mag dies absolut und relativ gelten. Für Einzelhandelsflächen ist das nicht der Fall. Dort legten die Spitzenmieten in den Innenstädten nicht nur in den großen Städten stetig zu, während viele Randlagen gleichzeitig Mietrückgänge verzeichneten. Sie spüren die Konkurrenz der großen Versorgungszentren und des Online-Handels stärker als die Innenstadtlagen. Auch bei Wohnimmobilien gibt es Städte, wo die Preise in den teuren Lagen weniger heftig schwankten als in den einfachen. Das war beispielsweise in Frankfurt, Berlin oder Düsseldorf der Fall. In Hamburg oder Köln ist es umgekehrt. Dort fielen die Preisschwankungen in den teuren Lagen stärker aus als in den einfachen. Anleger können sich nicht auf vermeintliche Daumenregeln verlassen, sondern müssen konkrete Marktsituationen immer wieder neu bewerten.

Das „Lage, Lage, Lage"-Paradigma gilt also nur funktionsspezifisch und zeitbezogen – und immer nur nach Maßgabe der relativen Preise. Vielleicht wird es deshalb irgendwann einmal zu einer Binsenweisheit, dass Binsenweisheiten oftmals nur für einen bestimmten Teilmarkt und einen bestimmten Zeitraum gelten. Der geniale Schöpfer der Wendung „Lage, Lage, Lage" wollte wahrscheinlich in einer inspirierten Minute lediglich ein bestimmtes Objekt vermarkten und sein Verkaufsgespräch verkürzen.

Um die Wendung inhaltlich angemessen füllen zu können, sollten Immobilieninvestoren vor ihrer Kaufentscheidung drei Fragen stellen. Erstens: Ist aktuell der richtige Zeitpunkt, um in diesem Land eine Immobilie zu kaufen? Zweitens: Bietet die Stadt in diesem Land einen positiven Ausblick – relativ zu vergleichbaren Städten? Drittens: Passt der gewählte Mikrostandort zu der gewählten Immobilienklasse? Wenn man sich mit allen drei Fragen eingehend beschäftigt hat, kommt man möglicherweise zu dem Urteil, dass man die richtige Makro-Lage, eine gute Meso-Lage und eine tolle Mikro-Lage gefunden hat. Und plötzlich kreist doch wieder alles um „Lage, Lage, Lage“.

11. Schützen Immobilien vor Inflation?

Immobilien können langfristig vor Inflation schützen – das ist aber kein Naturgesetz.
Es gehört zu den wohl hartnäckigsten Vorurteilen, dass Immobilien vor den Folgen der Geldentwertung schützen. Anleger sollten mit diesem Argument vorsichtig umgehen, denn der Schutz vor Inflation funktioniert nicht immer gleich gut. Vor allem aber funktioniert er nur langfristig. Als Verkaufsargument sollte das Thema etwas tiefer gehängt werden.

Schlendert man durch die Einkaufszentren der westlichen Welt, hat man so manches Déjà-vu-Erlebnis: Die Läden und ihre Betreiber kommen einem überall vertraut vor. Kein Wunder, denn die Mieterstrukturen haben sich in den vergangenen Jahrzehnten spürbar angenähert. Ob Madrid, Mailand oder Berlin – immer sind die gleichen internationalen Filialisten aktiv. Regionale oder wenigstens nationale Besonderheiten muss man schon mit der Lupe suchen.

Doch im Wesen der Menschen finden sich glücklicherweise noch immer hinreichend Belege für unterschiedliche Kulturen und Prägungen. Es gibt tatsächlich so etwas wie ein kollektives Gedächtnis. So wundern sich Ökonomen und Medienvertreter insbesondere im angelsächsischen Ausland regelmäßig über die *German inflation angst*. Warum nur schauen die Deutschen so viel besorgter auf die expansive

Geldpolitik von Notenbanken, als es die Briten oder Amerikaner tun?

Der britische Historiker Frederick Taylor hat 2013 in einem sehr lesenswerten Buch versucht, seinen Landsleuten dieses Phänomen zu erklären. Die Wurzel der deutschen Inflationsangst ist natürlich die Erfahrung mit einer Hyperinflation nach dem Ersten Weltkrieg. Hohe Reparationszahlungen und eine ausufernde expansive Geldpolitik sorgten für galoppierende Inflationsraten: Kurz bevor dem Spuk durch einen Währungsschnitt ein Ende gesetzt werden konnte, erreichte die Inflationsrate die unfassbare Höhe von annualisiert einer Million Prozent. Ein Liter Milch kostete 360 Milliarden Reichsmark. Ersparnisse schmolzen dahin, Pensionen wurden wertlos, Geldscheine waren billiger als Tapeten. Millionen Menschen endeten in der Armut. Zwei Millionen Menschen verließen die Städte, denn auf dem Lande konnte man in Naturalien bezahlt werden.

Menschen, die kurz vor Beginn der Inflationsjahre ihr Haus verkauften und das Geld auf die hohe Kante legten, verloren ihr gesamtes Vermögen. Auf der anderen Seite zählten jene Menschen, die eine Hypothek aufnehmen konnten, zu den Inflationsgewinnern. Denn sie waren bei einer kurzen Laufzeit ihrer Restschulden in der Lage, ihren Kredit mit einer Briefmarke zu tilgen.

1947 erzwang die verdeckte Inflation nach dem Zweiten Weltkrieg abermals einen Währungsschnitt. Wieder durften sich jene freuen, die Immobilien besaßen. Mehr als jene, die auf alte Schuldscheine gesetzt hatten. Diese Geschehnisse haben sich tief in das Gedächtnis der Deutschen eingegraben. So tief, dass sie zum Beispiel eine sehr aufmerksame Zentralbank ins Leben riefen, die anders als die US-Notenbank als oberstes Ziel die Sicherung der Preisstabilität vorgegeben bekam.

Schleichende Geldentwertung

Gleichzeitig mit der Inflationsangst hat sich den Deutschen die Erkenntnis ins Gedächtnis eingebrannt, dass Immobilien vor Inflation und den damit verbundenen Wertverlusten der Vermögensteile schützen. Nun könnte man einwenden, dass wir seit fast 70 Jahren keine nennenswerten Inflationsraten in Deutschland mehr erlebt haben. Vor 1990 belief sich die mittlere Inflationsrate auf knapp 3 Prozent, in den Jahren nach der Wiedervereinigung sogar auf unter 2 Prozent und seit Einführung des Euro sogar auf nur unwesentlich mehr als 1,5 Prozent. Das klingt zwar alles harmlos. Aber bei 3 Prozent jährlicher Teuerungsrate verliert das Geld innerhalb eines Vierteljahrhunderts immerhin die Hälfte seines Wertes.

Ein guter Inflationsschutz ist also auch bei niedrigen Inflationsraten und einem langen Investitionshorizont durchaus sinnvoll. Deshalb ist die Frage auch heute relevant: Bieten Immobilien auch in normalen Zeiten einen Schutz vor schleichender Entwertung oder nur in besonders turbulenten Zeiten Schutz vor einer Hyperinflation?

Auf der einen Seite mag die Frage überraschen, sind doch Immobilien nun wirklich der in Beton gegossene Inbegriff einer realen, greifbaren Anlageklasse, die nicht eng an dem monetären Phänomen Inflation hängt. Auf der anderen Seite könnte man aber einräumen, dass gerade heute hinreichend viele Beispiele bekannt sind, in denen mit Immobilien solch massive Vermögensverluste eingefahren wurden, dass der Verweis auf die Inflationssicherung geradezu zynisch klingt.

In den USA verloren Millionen Familien im Zuge der Finanzkrise nach 2006 ihr Haus. In Spanien gaben die Hauspreise in einigen Regionen um mehr als die Hälfte nach. Auch in einigen ostdeutschen Städten brachen die Wohnungspreise nach der ersten Wiedervereinigungseuphorie um mehr als 30 Prozent ein. In Cottbus oder Görlitz liegen die Preise für Neubauwohnungen auch fast 25 Jahre nach der Wiedervereinigung spürbar unterhalb der Niveaus der frühen 1990er Jahre. Einige Objekte gelten als unverkäuflich. Manchmal schützen Immobilien offenbar vor überhaupt nichts. Wieso hält sich dann der Glaube an den heiligen Inflationsschutz so hartnäckig?

Um gedanklich ein wenig aufzuräumen, ist zunächst eine klare Definition hilfreich. Der Begriff der Inflation kann sich auf alle möglichen Ausdehnungsprozesse beziehen, und alle möglichen Preise können inflationären Entwicklungen unterworfen sein. Wenn in der „Tagesschau“ von einem Anstieg der Inflationsrate gesprochen wird, ist damit ein beschleunigter Anstieg des Verbraucherpreisindex gemeint. Dieser Index ist der gewichtete Mittelwert der Preisentwicklung von etwa 600 Güterarten, die Haushalte in Deutschland üblicherweise nachfragen. Insgesamt werden 300.000 einzelne Preise berücksichtigt. Die Bedeutung der einzelnen Güter ergibt sich aus der Befragung von ein paar Zehntausend Haushalten in Deutschland. In dem überdimensionierten künstlichen Warenkorb befinden sich Waschmaschinen, Milchprodukte, Friseurdienstleistungen und alle möglichen anderen Dinge, die in Privathaushalten konsumiert werden.

Ausgaben für Wohnzwecke sind übrigens auch ein sehr wichtiger Bestandteil dieses Warenkorbs. Wenn sich die Inflationsrate in Deutschland also auf 2 Prozent beläuft, bedeutet dies, dass alle Produkte in dem Warenkorb im Durchschnitt und nach Maßgabe der aktuellen Gewichtung 2 Prozent teurer sind als vor einem Jahr. Diese Mittelwertbetrachtung lässt zu, dass Butter und Käse 20 Prozent mehr kosten, während Fernsehgeräte deutlich günstiger zu haben sind als vor einem Jahr. Und sie lässt eben grundsätzlich auch zu, dass die Preise für Wohnzwecke sinken, obwohl alle anderen Produkte teurer wurden. Dies ist zumindest grundsätzlich kein Widerspruch.

Für die meisten Güter sorgt der Ausgleich von Angebot und Nachfrage auf freien Märkten für die Preisfindung. Steigt die Nachfrage nach Butter zum Beispiel aufgrund steigender Einkommen, umfangreicher Zuwanderung oder weil Weihnachten vor der Tür steht, so werden sich bei einem unveränderten Angebot die Butterpreise erhöhen. Ebenso gehen die Preise nach oben, wenn sich vor dem Hintergrund steigender Löhne oder verteuerter Rohmaterialien die Produktionskosten erhöhen und das Angebot bei gleicher Nachfrage eingeschränkt wird.

Streit der Inflationstheoretiker

Diese Prozesse erklären die Preisdynamik auf einzelnen Märkten sehr gut. Etwas komplizierter wird es, wenn nicht nur ein Preis, sondern alle Preise gleichzeitig analysiert werden sollen, das heißt, wenn über die gesamtwirtschaftliche Teuerung gesprochen wird. Hier gab es über lange Jahre einen Streit zwischen Anhängern einer monetären und einer nicht-monetären Inflationstheorie. Die Nicht-Monetären, sprich die Keynesianer, hatten in Analogie zu den Wirkungsketten auf Einzelmärkten zwischen nachfrage- und angebotsinduzierten Inflationsprozessen unterschieden. Wenn beispielsweise die Einkommen in einer Volkswirtschaft zulegen, erhöht sich die Kaufkraft und damit die Nachfrage nach allen normalen Gütern. Wohnen ist diesbezüglich ein genauso normales, einkommensreagibles Gut wie Schokolade, Hosen oder Restaurantbesuche: Sie erfahren mehr Nachfrage, wenn die Einkommen zulegen.

Dies würde dann ganz einfach erklären, warum Immobilien einen Schutz vor nachfrageinduzierter Inflation bieten könnten – weil sie eben denselben Bestimmungsfaktoren unterworfen sind wie viele andere Güter in dem Warenkorb, der die Inflationsrate bestimmt. Wird man Vermieter, wechselt man unmittelbar für dieses eine Gut von der Konsumenten- auf die Produzentenseite. Dieser Schritt stellt dann eine Versicherung gegen die Teuerung dar, unter der der Konsument zu leiden hat.

Anders sieht es jedoch aus, wenn die Preise angebotsseitig steigen, zum Beispiel im Zuge eines Ölpreisschocks. Dieser Schock kann sich nämlich ganz unterschiedlich auf die Produktionsweisen einzelner Güter auswirken. Industriell gefertigte Produkte werden teurer, Dienstleistungen mit ihrer allenfalls geringen Abhängigkeit von Energiekosten dagegen nicht. Da sich Wohnungsmieten auf dem Wohnungsmarkt bilden und hier die Energiekosten nur eine untergeordnete Rolle spielen, ist es nicht plausibel, dass sich eine angebotsseitig getriebene Inflation durch steigende Mieten absichern lassen könnte.

Nun dominiert in der Ökonomie seit Jahrzehnten die monetäre Perspektive auf Inflationsphänomene. Diese Perspektive geht auf die sogenannte Quantitätsgleichung zurück. Diese stellt eine Identität dar, dass dem Wert aller gehandelten Güter in einer Volkswirtschaft ein gleich großer Geldbetrag gegenüberstehen muss. Die Güterwirtschaft (reale Produktion multipliziert mit dem Preisniveau) trifft auf die Geldwirtschaft (Geldmenge multipliziert mit der Umlaufgeschwindigkeit des Geldes). Vereinfacht gesprochen: Jede Banane wurde bezahlt, aber nicht zwingend mit eigens dafür hergestellten Geldscheinen, denn man kann die Scheine ja mehrmals verwenden. Wenn wir die Umlaufgeschwindigkeit des Geldes aus Gründen der Vereinfachung außen vor lassen, so entsteht Inflation immer dann, wenn die Geldmenge schneller wächst als das Volumen der gehandelten Güter. Unangenehm an dieser aktuell dominierenden Inflationstheorie ist allein, dass sie keine direkte Aussage über die Eigenschaften von Immobilien als Inflationssicherung zulässt. Das ist wirklich schade.

Viel Statistik – vorläufige Antworten

Wirtschaftsforschung ist letztlich immer der Versuch, theoretische Modelle zu entwickeln, die eine komplizierte Welt zu erklären suchen, um dann in einem zweiten Schritt mit empirischen Tests zu prüfen, ob sich mit den konzipierten Modellen die beobachtbare Welt auch erklären lässt. Das ist harte Arbeit. Immobilienpraktiker haben nur eine völlig unzureichende Vorstellung über das Volumen an Statistiken, die in den letzten Jahren gewälzt wurden, um herauszufinden, ob Immobilien denn nun Schutz vor Inflation bieten oder nicht.

Möchte man die Masse an vorliegender Literatur zu dem Thema auf einen gemeinsamen Nenner bringen, so lautet dieser: Wir müssen noch mehr Statistiken wälzen und wohl auch Statistiker mit zusätzlichem Material quälen, denn eine abschließende Antwort gibt es bisher nicht. Immerhin lassen sich aber schon ein paar Kernaussagen herausfiltern. Tim Koniarski hat beispielsweise 2014 in seiner Dissertation an der Universität Regensburg gezeigt, dass es einen Unterschied macht, ob man auf die kurzfristigen oder die langfristigen Sicherungseigenschaften von direkten Immobilienanlagen schaut. Außerdem stellte er fest, dass man mit unterschiedlichen Testverfahren zu sehr unterschiedlichen Ergebnissen kommen kann. Kurzfristig greift der Inflationsschutz von Immobilien nach den Erkenntnissen von Koniarski (und auch anderen Autoren) deutlich schlechter als langfristig. Die Unterscheidung passt auch zu den eingangs geäußerten Bedenken gegenüber einem allgemeinen Inflationsschutzargument. Kurzfristig können sich Immobilienmärkte in einem Ungleichgewicht befinden, weil es zum Beispiel ein Überangebot gibt oder weil eine Preisübertreibung korrigiert werden muss. Doch langfristig streben Immobilienmärkte zurück zum Gleichgewicht, in dem dann Nachfragetreiber die ausschlaggebenden Bestimmungsfaktoren für die Preise und Mieten sind. Wenn von langfristig die Rede ist, sollten sich die Anleger auf wenigstens zehn Jahre einstellen.

Zusätzlich scheinen sich die meisten Forscher darauf verständigen zu können, dass direkte Immobilienanlagen typischerweise einen etwas besseren Inflationsschutz bieten als indirekte Immobilienanlagen. Mit der Zeit scheint der Inflationsschutz indirekter Anlagen aber zuzunehmen.

Auch dieses empirische Ergebnis ist plausibel. Denn gerade für Immobilienaktien können Wissenschaftler nachweisen, dass sich diese Anlageklasse kurzfristig eher wie Aktien verhält und langfristig eher wie Immobilien. Wenn Immobilien dann langfristig besseren Inflationsschutz bieten als Aktien, müsste bei Immobilienaktien auch der langfristige Inflationsschutz besser funktionieren als der kurzfristige.

Wenn sich ein Anleger nun auf eine lange Halteperiode eingestellt hat, um der Inflation ein Schnippchen zu schlagen, taucht die nächste schwierige Frage auf: Soll man nun eher ein Wohngebäude, ein Bürogebäude oder eine Einzelhandelsimmobilie kaufen? Auf den ersten Blick liegt natürlich die Vermutung nahe, dass Handelsimmobilien mit einem Indexmietvertrag oder mit einer Umsatzmiete wie im Einzelhandel üblich einen besonders guten Schutz bieten. Müssten nicht gerade die Einzelhandelsumsätze in inflationären Zeiten steigen, wo doch der Einzelhandel gerade jene Konsumgüter verkauft, die in unseren Warenkorb fließen?

Das Argument erscheint tatsächlich stichhaltig, aber nicht für alle Jahre gleich gut. Denn die Einzelhandelsumsätze bestimmen heute deutlich weniger die privaten Konsumausgaben als früher. Tatsächlich ist allein seit 1990 der Anteil der Einzelhandelsumsätze an den privaten Konsumausgaben um 10 Prozentpunkte auf weniger als ein Drittel gefallen. Wenn es also starke Preissteigerungen außerhalb des Einzelhandelssortiments gibt, zum Beispiel bei Dienstleistungen oder Leistungen der öffentlichen Hand, nicht aber bei den Produkten im Einzelhandelssortiment, dann geht zwar die Inflationsrate nach oben – die Einzelhandelsumsätze steigen jedoch nicht mit. Hinzu kommt, dass gerade im Einzelhandel ein harter Wettbewerb herrscht, der die Margen weit nach unten gedrückt hat. Einzelhändler können deshalb Kostensteigerungen schlechter an ihre Kunden weiterreichen als Unternehmen in weniger wettbewerbsintensiven Branchen.

Zur Betrachtung des Inflationsschutzes durch Büro- und Wohnimmobilien lohnt ein Blick in die empirische Immobilienforschung. Auch hier ist es nicht so, dass alle Studien zu denselben Ergebnissen kommen. Es gibt eher Indikationen dafür, dass Wohnimmobilien etwas besser vor einem Preisauftrieb schützen können als Büroobjekte. Doch es gibt eben auch Studien, die zu genau zum entgegengesetzten Ergebnis kommen. Wahrscheinlich hat dies mit dem institutionellen Umfeld der einzelnen Märkte zu tun, denn die unterschiedlichen Ergebnisse lassen sich weitgehend regional zuordnen: In Deutschland schützen Wohnimmobilien möglicherweise besser als Gewerbeimmobilien und in den USA möglicherweise Bürogebäude etwas besser als Wohngebäude vor Inflation.

Man muss allerdings immer wieder genau hinsehen. So kommen zum Beispiel die Autoren Haibo Huang und Susan Hudson-Wilson für die USA zu einem besseren Inflationsschutz durch Büroimmobilien. Doch man muss einräumen, dass sie erstens nur Apartments und zweitens nur die Daten bis 2007 bei ihrer Untersuchung berücksichtigten. Die Turbulenzen der letzten Jahre, die sowohl die Büromärkte durcheinander wirbelten als auch die Nachfrage nach Apartments im Zuge der Verwerfungen auf den US-Märkten für Eigenheime stimulierten, könnten nun möglicherweise zu einer anderen Aussage führen. Wie so oft: Weitere Forschung ist notwendig.

Inflation frisst Schulden

Zwei abschließende Erkenntnisse aus unserem kleinen Parforceritt durch einen Ausschnitt der empirischen Literatur zu den Inflationsschutzeigenschaften von Immobilien wollen wir unbedingt noch mitgeben. Die für Praktiker wohl weniger offensichtliche Erkenntnis zuerst: Es gibt Hinweise darauf, dass Immobilien etwas besser vor erwarteter Inflation schützen können und weniger gut vor unerwarteter Inflation. Dies erscheint plausibel, da Mietverträge auf der Basis spezifischer Erwartungen vereinbart werden. Dies bedeutet dann auch, dass weniger die Höhe der Inflationsrate für Immobilieninvestoren gefährlich ist als vielmehr die Schwankungsbreite und damit die Wahrscheinlichkeit, dass die eigenen Erwartungen enttäuscht werden. Daraus lassen sich für das Marketing direkte Konsequenzen ableiten. Wir freuen uns schon auf die ersten Verkaufsprospekte, in denen zu lesen sein wird, dass Immobilien tendenziell vor erwarteter Inflation schützen können und der Emittent auch erwartet, dass seine Inflationserwartungen eintreffen und er explizit Unerwartetes ausschließt. Nun ja, im Sinne einer guten Kundeninformation wären solche Formulierungen sinnvoll, aber wir erwarten sie nicht wirklich.

Die zweite Erkenntnis ist dagegen nicht nur für Praktiker sofort ersichtlich. Sie ist zudem das wohl beste Argument für Immobilien in Zeiten höherer Inflationsraten – weil sie einen besseren Schutz für Anleger bieten als Anleihen oder Aktien. Während der Hyperinflation in Deutschland war wie gesagt zu beobachten, dass es durchaus Gewinner in den Jahren der galoppierenden Inflation gab. Nämlich diejenigen, deren Schulden weginflationiert wurden. Da für die meisten Privatanleger die Immobilie der einzige Weg ist, um in einem nennenswerten Umfang Vermögensbestände über Schulden zu finanzieren, bietet ein inflationäres Umfeld dann auch die beste Möglichkeit, sich Vermögen von der Bank subventionieren zu lassen. Leider gilt dies nur dann, wenn wir mit höheren Inflationsraten rechnen als unsere Bank, denn sonst ist dies in den Zinsen natürlich berücksichtigt. Und das Inflationsszenario muss auch tatsächlich eintreten – sonst droht bei Überschuldung die Privatinsolvenz.

12. Der Traum von der stabilen Geldanlage

Anlagen in Immobilien bergen immer Risiken.
Die Vorstellungen von der Wirkung des Betongolds haben sich verselbständigt. Immobilien haben keinen Wert an sich. Sie nutzen sich im Zeitverlauf ab. Echte Erträge aus der Immobilienanlage kommen nur durch echte Mieteinnahmen zustande. Dafür muss ein Eigentümer regelmäßig investieren.

Manche Argumente sind zu schön, um wahr zu sein. Deshalb führen sie hartnäckig ein Eigenleben und sind einfach nicht aus der Welt zu schaffen – selbst wenn noch so häufig beobachtet werden kann, dass sie falsch sind. Denn wenn etwas zu schön ist, um wahr zu sein, dann ist es in der Regel tatsächlich nicht wahr. Eine dieser unausrottbaren falschen Ansichten lautet, dass sich mit dem Erwerb einer Immobilie grundsätzlich eine stabile und sichere Rendite erwirtschaften lässt. Der Begriff Betongold ist ein beliebtes Verkaufsargument. In diesem Wort bündelt sich ein Wunschdenken, dem jegliche Grundlage fehlt: Dass in Immobilien ein Wert gespeichert werden kann, der durch wirtschaftlich stürmische Zeiten tragen kann. Wertpapiere können von einem Tag auf den anderen nichts mehr wert sein. Ein Haus steht dagegen fest gebaut auf solidem Grund. So stabil wie das Fundament, auf dem es gebaut ist, liefert es vermeintlich auch einen stabilen Ertrag für das Portfolio. Es ist so sicher wie Gold, nur eben aus Beton. Bei genauem Hinsehen enthält diese Grundannahme sogar ein weiteres beliebtes Vorurteil – doch dazu später.

Die Wirklichkeit sieht meist ganz anders aus. Nicht einmal eine einmalige Lage kann vor Verlusten schützen, wie wir schon gehört haben. Privatleute wie professionelle Investoren tappen immer wieder in die gleiche Falle: Sie unterschätzen die Höhe der notwendigen Bewirtschaftungskosten und den Grad der Abnutzung, dem ein Gebäude über die Jahre ausgesetzt ist. Oder einfacher gesagt: Sie verwechseln eine Immobilie mit einem Wertpapier. Sie sehen die Rendite am Anfang einer Investition. Diese lässt sich ganz einfach berechnen aus den Mieteinnahmen im Objekt und dem Kaufpreis. Ist der Kaufpreis eher niedrig, ist die Rendite hoch. Ist das Objekt teuer, ist die Rendite niedrig.

Was eine solche Sichtweise komplett ausblendet, ist der notwendige Aufwand, der betrieben werden muss, damit die Miete tatsächlich auch regelmäßig auf dem eigenen Konto ankommt. Allein mit dem Kauf ist es nicht getan. Kaufen und halten, eine geläufige Strategie in der Wertpapieranlage, funktioniert in der Immobilienanlage nicht mühelos. Ein Grundstück kann tatsächlich über die Jahre stetig an Wert gewinnen, denn das Land nutzt sich nicht ab – solange man es nicht als Senke für Schadstoffe benutzt. Es ist jedoch nur der kleinere Teil der Investition. Die entscheidende Renditequelle ist das Objekt, das auf dem Grundstück steht. Aus ihm kommen die laufenden Einnahmen. Und dieses Objekt nutzt sich im laufenden Betrieb ab.

Dilemma Investitionsstau

Der Effekt lässt sich gut am Beispiel eines Autos verdeutlichen, weil er dort etwas schneller zu sehen ist. Wenn ein Auto über die Jahre nicht gepflegt wird, wird es früher oder später eine unansehnliche Rostlaube, die nicht einmal mehr ihren ursprünglichen Zweck erfüllen kann – nämlich den Fahrer von A nach B zu bringen. Der Wagen verliert bei solcher Vernachlässigung irgendwann jeglichen Wert. Auf Immobilien übertragen heißt das, ein Gebäude kann nur noch abgerissen werden. Das ist dann der Fall, wenn ein Eigentümer nicht laufend in seine Immobilie investiert.

Investitionsstaus münden für Eigentümer regelmäßig in einem Dilemma. Nach Jahren der Untätigkeit muss entweder ein nicht unbeträchtlicher Teil der schon verbuchten Einnahmen wieder in die Hand genommen werden, um mit einer aufwendigen Renovierung die Vermietbarkeit auf dem erwünschten Preisniveau zu sichern. Oder es werden Mietabschläge wegen der herrschenden Mängel und einer nicht zeitgemäßen Ausstattung akzeptiert. Letzteres ist aber häufig gar nicht so einfach, weil dem Eigentümer die ursprüngliche Kalkulation meist um die Ohren fliegt. Die Immobilie ist dann nämlich zu teuer eingekauft worden. Läuft jetzt auch noch ein Kredit, tritt ein besonders unangenehmes Szenario ein: Die Bank zieht in solchen Fällen die

Notbremse – und der Betroffene ist mitunter zur Zwangsversteigerung gezwungen.

Wie viel regelmäßig in das Gebäude investiert beziehungsweise für eine größere Instandhaltungsmaßnahme zurückgelegt werden sollte – darüber gehen die Meinungen auseinander. Als Faustregel hat sich durchgesetzt, entweder 1 Prozent der Anschaffungskosten für das Gebäude oder 20 Prozent der eingehenden Miete pro Jahr anzusetzen. Die meisten privaten Vermieter wollen solche Größenordnungen allerdings nicht wahrhaben. Dabei lässt ihnen der Staat sogar noch eine regelmäßige Erinnerung zukommen, die jedoch genauso regelmäßig missverstanden wird.

Es geht dabei um die schon im Steuerkapitel erwähnten Absetzungen für Abnutzung (AfA) von 2 Prozent der gesamten Anschaffungskosten für das Gebäude, die Jahr für Jahr vom steuerpflichtigen Teil der Mieteinnahmen abgezogen werden dürfen. Viele interpretieren diese Regelung als freundliches Steuergeschenk des Staates. Doch das ist fahrlässig, denn diese Abnutzung findet tatsächlich statt – in einigen technischen Dingen sogar deutlich schneller. Denn eine Abnutzungsrate von 2 Prozent pro Jahr bedeutet ja, dass im Durchschnitt das Objekt inklusive aller Technik über 50 Jahre uneingeschränkt nutzbar ist. Für ein Dach mag das gelten, für eine Fassade vielleicht auch, für Heizkessel und Armaturen nur ausgesprochen selten. Deshalb trifft das Bürokratendeutsch ausnahmsweise den Nagel auf den Kopf. Das steuerliche Zugeständnis sollte dazu genutzt werden, die auftretenden Mängel zu beseitigen, um die Gebäudesubstanz zu erhalten oder um eine Rücklage für größere Investitionen zu ermöglichen, wenn sie anfallen.

Was das im Zeitverlauf bedeutet, lässt sich mit dem Abschreibungssatz von 2 Prozent schnell ausrechnen. Der Abnutzungsgrad beträgt dann für ein 200.000 Euro teures Gebäude (ohne Baukosteninflation) über 15 Jahre 30 Prozent – also 60.000 Euro. Eine Größenordnung, die nicht einfach aus den laufenden Einnahmen gedeckt werden kann, wenn es plötzlich notwendig wird. So glänzt das vermeintliche Betongold nicht mehr, sondern bekommt erste Risse.

Mühsames Tagesgeschäft

Doch ausbleibende laufende Instandsetzungen sind längst nicht die einzige Bedrohung für die gewünschte Wertstabilität. Die stabile Rendite ist genauso bedroht von Mieterwechseln, die einen zeitweisen Ausfall der Einnahmen nach sich ziehen, sowie Mieterausbauten, um eine Neuvermietung überhaupt erst zu ermöglichen. Bei einem Mieterwechsel alle zwei Jahre können schnell 10 Prozent der Einnahmen entgehen. Die stabile Rendite ist auch bedroht von Mietern, deren Zahlungsmoral – freundlich gesagt – zu wünschen übrig lässt. Selbst wenn die Mieten in den Anfangsjahren regelmäßig steigen, hilft das nicht weiter. Denn gleichzeitig steigen auch die Kosten für den Erhalt. Keine Handwerkerleistung wird preiswerter, keine Instandhaltungsmaßnahme billiger im Lebenszyklus eines Objekts.

Die permanente Unterschätzung der anfallenden Kosten im Vermietungsalltag hat ernüchternde Anlageergebnisse zur Folge. So stellte das Deutsche Institut für Wirtschaftsforschung nach einer Untersuchung von Immobilien-Direktinvestitionen privater Anleger fest, dass fast ein Drittel von ihnen nichts mit ihren vermieteten Wohnungen verdient oder sogar Verlust damit macht. Bei weiteren 20 Prozent wiederum liegen die erwirtschafteten Ergebnisse unter der langfristigen Inflationsrate, so dass bei ihnen real auch nichts hängen bleibt. Freundlich könnte hierbei von Lehrgeld gesprochen werden, das gezahlt werden muss. Die Erkenntnis lautet: Das mühsame Tagesgeschäft eines Vermieters wird beim Ankauf unterschätzt.

Professionelle Investoren sind sich der Fallstricke aus dem Tagesgeschäft zwar bewusst und wissen diese in ihre Kalkulationen einzubeziehen. Trotzdem passieren auch ihnen regelmäßig Missgriffe in der Objektauswahl, weil sich eine vermeintliche Stabilität als Fehlinterpretation herausstellt. Unterschätzt wird in solchen Fällen der spätere Aufwand, um die Wettbewerbsfähigkeit des Gebäudes auf dem Vermietungsmarkt zu erhalten – mag die Lage auch noch so gut sein. Werden dann noch die Marktmieten zum Zeitpunkt des Ankaufs linear in die Zukunft fortgeschrieben, kann auf einen Schlag ziemlich viel Geld unwiederbringlich verlorengehen.

Fehlprognose für die beste Lage

Ein Beispiel, das in diesem Zusammenhang gern genannt wird, ist die Geschichte des Objekts Taunusanlage 11 in Frankfurt. Das 1972 errichtete Hochhaus liegt in prominenter Lage, direkt gegenüber der Zentrale der Deutschen Bank in der Mainmetropole. Nach 20 Jahren war dort die erste grundsätzliche Renovierung fällig, nachdem der Hauptmieter ausgezogen war. Das wurde zunächst als Segen begriffen, denn der damalige Eigentümer lief in eine gute Marktphase nach der deutschen Einheit hinein und konnte so das Objekt zu einer Spitzenmiete anbieten. Das Gebäude erlangte damals überregionale Berühmtheit, weil in ihm erstmals für eine Teilfläche eine Miete über 100 D-Mark pro Quadratmeter erzielt werden konnte. Das Wertsteigerungspotential erschien schwindelerregend. Bei einer Bewertung zum 20-Fachen der Jahresmiete ließ sich ein Wert von 24.000 D-Mark pro Quadratmeter hochrechnen.

Die Phantasie machte Purzelbäume, denn nach der geläufigen linearen Denkweise in der Immobilienbranche lässt sich die Miete jährlich um mindestens die Höhe der allgemeinen Teuerung steigern. Nimmt man also als durchschnittliche Inflationsrate 1,75 Prozent an, so würde die erwartete Miete 2012, also 20 Jahre später schon 140 D-Mark beziehungsweise – weil es nun den Euro gibt – rund 70 Euro betragen. Wieder mit dem Verkaufsfaktor von 20 auf die Jahresmiete errechnet sich damit ein Wert von 33.600 D-Mark beziehungsweise 17.180 Euro pro Quadratmeter für das Jahr 2012. Ein schöner Traum.

Von Abnutzung war keine Rede. Denn in der besten aller Immobilienwelten passte an dieser Ecke von Frankfurt alles zusammen. Die Lage ist mitten im Bankenviertel – nicht replizierbar, wie es im Branchenjargon heißt, und für hochwertige Bürobauten geradezu ideal. Die Ausstattung war zudem auf dem höchsten Niveau. Es war ein Haus, das nach damaliger Sichtweise immer seine Mieter finden wird. Doch schon 15 Jahre später sah alles ganz anders aus. 2007 zogen die beiden Hauptmieter, eine Rechtsanwaltskanzlei und ein Finanzdienstleister, aus dem Gebäude wieder aus. Danach stand das Objekt leer. Zur kalkulierten Miete war kein Nutzer mehr zu finden. Denn statt zu steigen, war die Spitzenmiete in Frankfurt bis 2012 auf 33 Euro pro Quadratmeter zurückgegangen. Rechnet man nun auf dieser Basis den Wert eines Quadratmeters aus, so kommt man plötzlich nur noch auf einen Wert von rund 7.900 Euro pro Quadratmeter statt der erwarteten 17.180 Euro pro Quadratmeter – glatt weniger als die Hälfte. Und dies erst erzielbar nach einer abermaligen vollständigen Renovierung des Objekts, denn nur so lässt es sich zur Spitzenmiete vermieten.

Ist es schon schwierig genug, mit Renditeobjekten durch Vermietung Geld zu verdienen, so fällt das Eigenheim als Geldanlage ebenfalls häufig genug aus. Dabei lassen sich viele Leute gerade mit dem Argument der Altersvorsorge in Wohneigentum locken. Auf den ersten Blick scheint dieses Argument auch stichhaltig zu sein: Das Haus beziehungsweise die Eigentumswohnung ist im Alter abbezahlt und folglich kann die Miete gespart werden. Doch wird hierbei der gleiche Effekt missachtet, der schon bei vermieteten Immobilien regelmäßig für Probleme sorgt. Nicht nur der Haus- beziehungsweise Wohnungseigentümer wird älter, sondern auch sein Haus beziehungsweise seine Wohnung. Ist der Ruhestand erreicht, gehen die Reparaturen los. Viel Geld wird für ein neues Dach gebraucht, für eine neue Heizung, für neue Fenster. Bei Eigentumswohnungen kommen noch die gängigen Auseinandersetzungen innerhalb einer Wohneigentümergemeinschaft hinzu, ob eine Investition sinnvoll ist oder nicht. Man stelle sich einen gealterten Wohnungsbesitzer im vierten Stockwerk vor, der sich nun mit Mitte 60 auf einen nachgerüsteten Fahrstuhl freut und die drei anderen Parteien, idealerweise doppelverdienende Unternehmensberater ohne Kinder und nur am Wochenende zu Hause, sagen „nein". Da ist die einstige Vorfreude auf den Ruhestand in den eigenen vier Wänden rasch verflogen.

Auch das Ansinnen, das eigene Haus im Alter zu verkaufen und vom steuerfreien Erlös einen angenehmen Lebensabend zu verbringen, kann sich als Trugschluss erweisen. Dies gilt insbesondere für strukturschwache Regionen. Wirtschaftsstarke Ballungsgebiete profitieren von einem steten Zuzug. Das schlägt sich auch auf den örtlichen Immobilienmärkten nieder. Deshalb funktioniert dort ein solcher Ansatz, wenn das Eigenheim nicht völlig überteuert gekauft wurde. Doch in den Gegenden jenseits dieser Räume geht die Nachfrage zurück. Gerade Häuser auf dem Land, die ihren Besitzern im Alter zu groß geworden sind, nachdem die Kinder ihre eigenen vier Wände bezogen haben, finden nur schwer Käufer – und dann auch nur mit großen Zugeständnissen beim Preis. Von der Wertsteigerung einer Immobilie kann dort nicht mehr ausgegangen werden.

Konsumgut Eigenheim

Das heißt nicht, dass selbstgenutztes Wohneigentum eine falsche Entscheidung sein muss. Es ist aber eine emotional geprägte Entscheidung. Deshalb sind die eigenen vier Wände im Normalfall auch ein Konsumgut. Hier geht es also auch darum, die Erwartungshaltung zu korrigieren. Bei einem Verkauf des Eigenheims muss die Abnutzung des Gebäudes einkalkuliert werden. Und es muss einkalkuliert werden, dass es für Sonderausstattungen im Haus kein Geld gibt. Die teuren Fliesen, die teure Küche, der aufwendig ausgebaute Keller – das alles findet nicht zwingend Berücksichtigung im Preis. Es ist eben ein bewusster Lebensstil, in den eigenen vier Wänden zu leben.

Immobilien unterliegen in ihrer Wertentwicklung Einflussfaktoren, die ein Wertpapier nicht kennt. Vor diesem Hintergrund ist es bemerkenswert, wie gern als Vergleichsmaßstab für eine Immobilienanlage die Rendite festverzinslicher Wertpapiere herangezogen wird. Der regelmäßigen Zinszahlung eines Schuldners wird dabei die regelmäßige Mietzahlung gedanklich gleichgesetzt. Übersehen wird dabei, dass sich Schuldscheine im Gegensatz zu Immobilien nicht abnutzen. Sie haben keine Kleinreparaturen nötig und brauchen keine Renovierungsarbeiten in regelmäßigen Abständen. Und der tatsächlich erzielbare Verkaufspreis einer Immobilie ist längst nicht so kalkulierbar wie die Rückzahlung am Ende der Laufzeit einer Anleihe.

Die gute Nachricht lautet, dass Wertstabilität in der Immobilienanlage möglich ist. Das hat allerdings nichts mit einem Naturgesetz zu tun, sondern mit harter Arbeit, Rücksicht auf die Realitäten des Immobiliengeschäfts und regelmäßigen Investitionen in den Bestand. Geschäftsmodelle, die an diesen Punkten nichts vorweisen können, entpuppen sich früher oder später zuverlässig als Luftnummern.

So wie Betongold gehegt und gepflegt sein will, so schützt übrigens auch das richtige Gold nicht vor allem möglichen Unbill, um an dieser Stelle gleich noch mit einem anderen Vorurteil aufzuräumen. Richtig ist zwar, dass in absoluten Krisenfällen Gold als Zahlungsstandard erhalten bleibt. Doch es gab auch beim Gold mehrere Jahrzehnte in Folge einen realen Wertverlust. Die Goldanlage ist risikobehaftet – und sie hat den Nachteil, dass man die Wertsteigerung anders als bei der Immobilie nicht durch eigene harte Arbeit unterstützen kann. In diesem Punkt strahlt die Immobilie dem Fleißigen eine gewisse Verlässlichkeit entgegen.

13. Die trügerische Macht der Trends

Vorsicht vor einfachen Schlussfolgerungen.
Immobilien stehen für Jahrzehnte. Daher müssen Investoren sich hin und wieder die Langfristbrille aufsetzen und ein tragfähiges Geschäftsmodell für die nächsten Jahrzehnte entwickeln. Doch das ist gar nicht so einfach, denn mitunter sind die vermeintlich sichersten Prognosen die gefährlichsten.

Vor über zehn Jahren erhielt einer der beiden Autoren von dem damaligen Chefvolkswirt der Deutschen Bank, Norbert Walter, den Auftrag, sich einmal näher mit den Auswirkungen der demografischen Trends auf die Immobilienmärkte zu beschäftigen. Schnell waren sich Chefvolkswirt und Arbeitsbienenvolkswirt über die Wichtigkeit des Themas einig, denn schon damals verhießen die Vorausberechnungen des Statistischen Bundesamts für die weitere Bevölkerungsentwicklung Deutschlands gar nichts Gutes: Die Zahl der Einwohner würde im mittleren Szenario deutlich abnehmen, der Anteil der Senioren würde massiv ansteigen.

Noch vor dem Beginn der Untersuchungen war schon die Warnung für die Anleger formuliert. Da Immobilien naturgemäß immobil und langlebig sind, Menschen dagegen im Durchschnitt deutlich weniger langlebig und in den meisten Fällen mobiler als ihre Häuser sind, drohen Anlegern und Finanzierern angesichts des demografischen

Trends massive Wertverluste in der Anlageklasse Immobilien. Tatsächlich hatte der berühmte Ökonom Gregory Mankiw, der frühere Chefvolkswirt von George W. Bush, in einer viel beachteten Studie in den späten 1980er Jahren vor einem Dahinschmelzen der amerikanischen Immobilienwerte gewarnt. In ihrer Modellierung waren Mankiw und sein Co-Autor davon ausgegangen, dass eine Generation mit vielen Kindern durch eine Generation mit etwas weniger Kindern ersetzt wird. Es wurde also nicht einmal ein Bevölkerungsrückgang angenommen, wie er sich in Deutschland abzeichnet. Müssten dann die Folgen der demografischen Entwicklung hierzulande nicht noch viel schrecklicher sein als von Mankiw für die USA vorausgeahnt? Um fast 50 Prozent sollten die Wohnungspreise in den USA in den 20 Jahren nach der Publikation nachgeben – real, also um die allgemeine Teuerung bereits korrigiert. Hoppla, das ließ uns hellhörig werden. Denn zum Zeitpunkt der Studienerstellung im Jahr 2003 waren die 20 Jahre noch nicht abgelaufen, und die Wohnungspreise in den USA befanden sich mitten in einer starken Aufwärtsdynamik. Zu stark, wie die Weltöffentlichkeit bald leidvoll feststellen musste. Gleichwohl war der von Mankiw vorausgesagte Preisabschlag selbst nach dem Platzen der Blase in der Zeit der globalen Finanzkrise nicht einmal annähernd erreicht.

Der Asset-Meltdown verzögert sich

Einer der weltweit profiliertesten Makroökonomen hatte in seinen Berechnungen nämlich andere gesellschaftliche Entwicklungen jenseits der demografischen Entwicklung weitgehend ausgeblendet. Deshalb zeigte seine Studie letztlich nur einen Teilaspekt der zukünftigen Entwicklung, nicht aber eine plausible Prognose für die Entwicklung der Wohnungspreise in den kommenden Jahrzehnten. In der Studie von Mankiw wurde beispielsweise unterstellt, dass typische 80-Jährige immer etwa gleich viel Wohnraum pro Haushaltsmitglied bewohnen, egal ob sie im Jahr 1900 geboren wurden, im Jahr 1920 oder im Jahr 1950.

Das ist jedoch unwahrscheinlich, denn über die Generationen wurde Vermögen aufgebaut, die Einkommen stiegen und unterschiedliche Geburtsjahrgänge haben unterschiedliche Sozialisationsphasen in ihrem Leben durchlaufen. Es gibt solche festen Nachfragekoeffizienten je Altersgruppe nicht. Stattdessen ist seit dem Zweiten Weltkrieg die Flächenversorgung pro Kopf insbesondere für die älteren Menschen stark angestiegen. Dies gilt für die USA, dies gilt auch für Europa. Gleichzeitig hatte sich über Jahrzehnte das Haushaltsbildungsverhalten deutlich verändert. Die mittlere Haushaltsgröße in nahezu allen wachsenden Volkswirtschaften der Erde ist einem anhaltenden Abwärtstrend unterworfen: Angesichts einer alternden Bevölkerung und steigenden Verstädterung sinkt die Personenzahl je Haushalt.

Viele gefüllte Excel-Tabellenblätter später wurde der demografisch bedingte Asset-Meltdown, wie das potentielle Dahinschmelzen der Vermögenswerte mittlerweile als

Terminus technicus in Anlehnung an eine nukleare Kernschmelze dramatisch bezeichnet wurde, zusehends kleiner. Schließlich kam am Ende aller Berechnungen selbst für das Szenario mit nur moderater Nettozuwanderung heraus, dass die Wohnflächennachfrage insgesamt betrachtet noch rund zwei Jahrzehnte in Deutschland zulegen dürfte. Nur in den wirtschaftsschwachen und von Bevölkerungsrückgang geprägten Regionen wird der Schrumpfungsprozess durch den demografischen Trend noch verstärkt. Die Erkenntnis hinter dieser Erkenntnis lautet: Gerade bei der Auswertung von vermeintlichen und tatsächlichen Trends kann es für Immobilienmarktakteure gefährlich sein, einzelne Trends zu isolieren und auf eine „Story" zu reduzieren.

Dabei möchten wir gar nicht erst den Eindruck erwecken, man könnte alle immobilienwirtschaftlich relevanten Entwicklungen vorausberechnen und damit alle Eventualitäten einpreisen. Modelle sind auch für Immobilienprofis wichtig. Denn sie erlauben, konkrete Einzelaussagen zu treffen; sie helfen das Denken zu strukturieren. Aber sie sind eben immer nur ein Teil der Wirklichkeit. Man kann sich das wie eine Pizza vorstellen. Auf der Basis eines einzelnen Pizzastücks wird ein Urteil über die gesamte Pizza gebildet. Bei einer klassischen Salamipizza ist es unproblematisch, vom einzelnen Stück auf das Ganze zu schließen. Bei einer Pizza Quattro Stagioni kann man dagegen nur über dieses eine Stück urteilen – nicht über die gesamte Pizza.

Lücken im Gesamtbild

Immobilienmärkte sind unserer Ansicht nach besonders anfällig für lückenhafte Trendanalysen: Auf der einen Seite stehen die darauf projektierten Immobilien eben für lange Zeit möglicherweise mit dem falschen Konzept am falschen Platz und können nicht einfach verrückt werden. Auf der anderen Seite haben wir in diesem Buch schon gezeigt, dass es auf Immobilienmärkten noch immer Aufholpotential bei den Themen Markttransparenz und Professionalisierung gibt. Solange dies gilt, sind im Vertrieb mitunter einfache Geschichten wertvoller als komplizierte Sachverhalte.

Leser von Immobilienmarktstudien sollten wissen: Trends sind bei Studienautoren überaus beliebt, denn Trends verleihen dem eigenen Argument Nachdruck. Ein Trend klingt unabänderlich, unausweichlich, viel beachtenswerter als eine Mode oder ein Zyklus. Wer einen Trend beschwören kann, hat damit fast schon überzeugt.

Nun ist der Begriff „Trend" nicht geschützt. Angesichts der Marketingvorteile des Begriffs darf man sich also über eine gewisse Trendinflation nicht wundern. Bei Google erhält man nach der Eingabe ruckzuck 44 Millionen Treffer – vom Trend „Massivholzmöbel" über den „Trend zu mehr Minimalismus" bis zum Trend „Frauen". Wir fragen uns, wie der Trend zu „weniger Minimalismus" aussähe und wo die Frauen vor dem Trendzeitalter waren. In der Wissenschaft spricht man ernsthaft von Trends immer erst dann, wenn eine Entwicklung weit in die Zukunft reicht und bereits so weit angelegt ist, dass die Entwicklung als sehr sicher gilt.

Weil Immobilien das gesamte zivilisierte Leben prägen, lässt sich letztlich aus jeder gesellschaftlichen, technischen oder kulturellen Entwicklung eine Implikation für Immobilien ableiten: Der erwartete Bevölkerungsrückgang könnte die Nachfrage nach Wohnflächen senken, der Klimawandel führt zum Wertverlust von Energieschleudern, der technische Fortschritt und das Vordringen von Informations- und Kommunikationstechnik entwertet Einkaufszentren und die Alterung der Bevölkerung führt zu einem Nachfrageplus bei barrierearmen Wohnungen.

Für Immobilienprofis liegt nun die eigentliche Gefahr darin, dass viele Trends geradezu verführerisch plausibel und naheliegend klingen. Dies kann aus zwei Gründen gefährlich werden: Wie bei unserem Beispiel am Anfang des Kapitels deutlich wurde, kann die Macht naheliegender und plausibler Trends erstens dazu verführen, dass man wichtige Nebenbedingungen und Seitenentwicklungen übersieht. Und zweitens sollte man niemals seine Wettbewerber unterschätzen. Wenn eine Investmentidee tatsächlich ganz einfach aus einem einzigen Trend abgeleitet werden kann, so fällt dies bestimmt auch dem einen oder anderen Wettbewerber auf. Wenn nun jeder den naheliegenden richtigen Schluss zieht, kann dies für alle problematisch werden, weil beispielsweise in einem Nischenmarkt rasch Überkapazitäten aufgebaut sind.

Gefährliche Rückschlüsse

Kommen wir zunächst zu dem gefährlichen Punkt, dass ein Trend nur so lange als plausibel gilt, bis eine wichtige Nebenbedingung angemessen und neu bewertet wurde. Neulich postete der Partner eines Beratungsunternehmens auf LinkedIn die Nachricht, dass überraschenderweise trotz Beschäftigungswachstum der Büroflächenumsatz in den deutschen Top-Standorten in den letzten Jahren gar nicht gestiegen sei. Die Erklärungen, die daraufhin geliefert wurden, waren tatsächlich belastbar: Es wurde der Umstand genannt, dass die Bürobeschäftigtenquote gar nicht mehr steigt; ein großer Teil des Beschäftigtenwachstums der letzten Jahre entstand in der Industrie, jedenfalls außerhalb von Büros. Außerdem waren viele Teilzeittätigkeiten entstanden und so weiter. Das Bemerkenswerte daran ist nun, dass genau diese Entwicklung bereits vor über 15 Jahren von US-amerikanischen Ökonomen vorausgesagt wurde. Für viele Immobilienprofis gehörte es hingegen bis vor kurzem noch zu einer der geronnenen Weisheiten, dass Strukturwandel vermeintlich gemäß des Diktums von Jean Fourastié bedeutet, dass der Weg in die Dienstleistungsgesellschaft wie auf einer Schiene auch in die Bürodienstleistungsgesellschaft führen muss. Daher entstanden gerade um die Jahrtausendwende Millionen zusätzlicher Quadratmeter Büroflächen vor allem in den Metropolregionen.

Es ist zwar richtig, dass der von Bill Clintons Arbeitsminister Robert Reich in den 1990er Jahren beschworene Trend nachweisbar ist, nach dem die Nachfrage nach sogenannten

Symbolanalysten zunehmen wird. Symbolanalysten nannte Reich jene typischen Büroarbeitskräfte, die Informationen auswerten und verdichten und hierbei häufig Computer zur Unterstützung benötigen. Das sind zum Beispiel Finanzanalysten, Mathematiker, Juristen, Designer oder Berater. Solche Arbeitskräfte arbeiten überwiegend in Büroräumen. Wenn wir also mehr Symbolanalysten benötigen, brauchen wir mehr Büroflächen.

Der Nobelpreisträger Paul Krugman hat jedoch dieses Argument in mehreren Artikeln aufgegriffen und weiterentwickelt. In seiner Analyse ist es gar nicht mehr sicher, dass diese gefragten Symbolanalysten auch tatsächlich in deutschen Innenstadtbüros arbeiten werden. Sie könnten auch in Hotelzimmern, zu Hause oder auf den Philippinen arbeiten, der Technik sei Dank. Wer also zu schnell aus dem Trend zu mehr Symbolanalysten auf Büronachfrage im Frankfurter Bankenviertel schließt, könnte den Globalisierungstrend oder den Trend zu mehr Heimarbeit unterschätzen und folglich in die falschen Immobilien investieren.

Hinzu kommt, dass selbst die Botschaft von Reich keine Ewigkeitsgarantie hat, denn in einer alternden Gesellschaft gewinnen menschbezogene Dienstleistungen an Bedeutung. Ein pflegebedürftiger Mensch braucht in erster Linie eine Pflegekraft und wohl erst in zweiter Linie zusätzliche Rechtsanwälte und Volkswirte.

Viele Immobilienprofis haben sehr lange mit den demografischen Entwicklungen zunächst Belastungen für die Wohnimmobilienmärkte verbunden. Partialanalytisch ist dies natürlich stimmig. Doch solange wir länger wohnen als arbeiten, erreichen die demografischen Trends zunächst die Büromärkte und erst mit deutlicher zeitlicher Verzögerung die Wohnungsmärkte. Hinzu kommt, dass sich die Wohnwelten in ihren Grundstrukturen wesentlich weniger gewandelt haben als die Arbeitswelten. Der wirtschaftliche Strukturwandel sorgt für viel tiefer greifende Veränderungen in der Nachfrage nach Arbeitsflächen, als dies der gesellschaftliche Wandel für die Wohnungsnachfrage tut. Es fällt uns viel einfacher, sehr unterschiedliche und dennoch plausible Szenarien für die künftige Entwicklung der Büronachfrage zu konzipieren als für die Wohnungsnachfrage. Daher ist es für Gewerbeimmobilieninvestoren heute noch wichtiger als für Wohnungsinvestoren, dass sie in flexible Gebäude investieren: Gebäude, die sich rasch und kostengünstig für eine andere Nutzungsart umbauen lassen, rechtfertigen eine Flexibilitätsprämie – sie können nachhaltig und risikoadjustiert einen höheren Multiplikator erwirtschaften als unflexible Gebäude.

Nachfrageverschiebungen verlangen Geduld

Kommen wir zu der zweiten Gefahr für Investoren, die sich aus einem zu nassforschen Umgang mit Trendstrategien ableiten lässt: die Überschätzung der eigenen Kreativität beziehungsweise im Umkehrschluss die Unterschätzung der

Wettbewerber. Dies ist natürlich in allen Branchen gefährlich. Tatsächlich lieferte uns die Verhaltensforschung in den letzten Jahrzehnten vielfältige und zum Teil sehr unterhaltsame Forschungsergebnisse, wann und wie stark sich Menschen im eigenen Handeln überschätzen. Bei Immobilienentscheidungen können solche Fehleinschätzungen dann besonders folgenreich und belastend sein, wenn Bauaktivitäten damit verbunden sind. Schlechte Manager kann ein Unternehmen relativ einfach loswerden. Bei schlechten Gebäuden – wenn also zum Beispiel Immobilien mit falscher Konzeption am falschen Ort gebaut sind – ist dies nicht so einfach möglich.

Was hat dies nun mit unzureichender Trendanalyse zu tun? Schauen wir etwa 20 Jahre zurück. Auch damals wurden die Auswirkungen der demografischen Trends für deutsche Immobilienmärkte diskutiert. Und zahlreiche Investoren zogen den an und für sich richtigen Schluss, dass eine alternde Bevölkerung mehr Immobilien benötigt, die für eine alternde Bevölkerung auch geeignet sind. Nun vollzieht sich aber die Alterung einer Gesellschaft nicht über Nacht. Die damit verbundenen Nachfrageverschiebungen erfolgen mit der Ruhe und Kraft einer Gletscherbewegung. Das heißt, die kurzfristigen Nachfragezuwächse sind viel geringer als die Langfriststory nahelegt. Da Immobilien zudem standortgebunden sind, kann es sein, dass für die nächsten fünf bis zehn Jahre ein einziges Objekt ausreicht, um die konkrete Marktnachfrage für dieses Einzugsgebiet zu decken. Wenn dort nur zwei Investoren gleichzeitig auf dieselbe richtige und eigentlich auch gute Idee kommen, Immobilien zu bauen, die als Pflegeeinrichtung geeignet sind, so werden beide nach Fertigstellung sehr lange Zeit mit Leerständen zu kämpfen haben.

Viele Seniorenheime, die in den 1990er Jahren gebaut wurden, hatten darüber hinaus damit zu ringen, dass sie die Gefahr Nummer eins übersahen. Es wurden wichtige Bestimmungsfaktoren, damit der Trend marktwirksam werden kann, nicht beachtet. Viele Objekte wurden in landschaftlich schönen, aber abgelegenen Orten gebaut. Ältere Menschen suchen aber nicht die Abgeschiedenheit, sondern vielmehr eine Immobilie, die ihnen den Alltag erleichtert – und dies am liebsten in ihrem gewohnten Quartier. Eine große Rolle spielen noch zwei weitere Aspekte: Erstens ist nur ein sehr kleiner Teil der älteren Menschen überhaupt bereit, im Alter noch einmal umzuziehen; sie tun dies häufig erst, wenn es nicht anders geht. Und zweitens sind die heute 80-Jährigen wahrscheinlich die fittesten 80-Jährigen in der Geschichte der Menschheit. Die medizinische Versorgung ist besser, die Berufswelt und der Alltag sind weniger gefährlich als in der Vergangenheit, und einige lebensverkürzende Gewohnheiten wie das Rauchen werden heute weniger ausgelebt als früher.

Einige Investoren haben sich zu wenig damit beschäftigt, wie Menschen altern und wo sie altern möchten, und haben deswegen auf der Grundlage einer plausiblen Partialanalyse eine Fehlentscheidung getroffen. Weil sie damit nicht allein standen, wurde letztlich zu viel Angebot in einem Nischensegment fertiggestellt.

Die beiden Gefährdungstatbestände, das Setzen auf plausible Einzeltrends und das Unterschätzen der Konkurrenz, haben in erster Linie etwas mit unzureichender Due Diligence und Analyse zu tun. Um zu verstehen, dass Senioren ungern umziehen und dass folglich Investitionen in einsam gelegene Seniorenresidenzen nennenswerte Risiken bergen, bedarf es nicht komplizierter Trendstudien, sondern einer gründlichen Auswertung bestehender Wanderungsstatistiken älterer Menschen.

Trends spielen für Immobilienanleger eine sehr wichtige Rolle, denn sie können schleichend zu einer Immobilienentwertung oder -aufwertung führen. Daher lohnt die gründliche Analyse. Drei Dinge sollten Anleger dabei auf jeden Fall beachten. Erstens: Nicht alles, was Trend genannt wird, ist auch ein marktrelevanter Trend. Zweitens: Naheliegende Schlussfolgerungen werden sehr viele Marktakteure ziehen können – dann muss eine gründliche Analyse des Angebotsrisikos erfolgen. Und drittens: Viele Trends bewegen sich in einer Trendschar, in der es Wechselwirkungen und Nebenbedingungen gibt. Diese können so gravierend sein, dass sich ein auf den ersten Blick plausibles Geschäftsfeld nicht rechnet.

Wenn man diese drei Botschaften beherzigt, kann man sich frohgemut den Trends auf den Immobilienmärkten widmen. Werden die Studentenzahlen in Deutschland steigen? Werden wir alle in A-Städten wohnen? Sind Weltstädte die wahren Gewinner der Globalisierung? Stehen wir am Beginn des asiatischen Zeitalters – oder sind wir vielleicht schon mittendrin? Liegt in Afrika nicht nur die Wiege, sondern auch die Zukunft der Menschheit? Können wir mit Immobilien Energie erzeugen? Werden irgendwann alle Wohnungen in Deutschland offene Wohnküchen haben? Woher kommen die Zuwanderer der nächsten dreißig Jahre? Wie verändern 3D-Drucker unser Industrie- und Handelsleben? Ist Online-Shopping übermorgen noch ein Wachstumsmarkt? Welche Immobilien brauchen Menschen, die viel Zeit haben? Was bedeutet ein Mehr an Minimalismus für Immobilien?

Für alle diese Fragen gibt es Analysen und Empfehlungen, wie Immobilieninvestoren agieren sollten. Doch alle diese Fragen haben auch Berührungspunkte. „The trend is your friend" – dieser Spruch wird in der Wertpapieranlage intensiv gelebt. Der Trend ist auch der Freund des Immobilieninvestors. Doch viele Trends können sehr schnell zum undurchsichtigen Dschungel werden. Trends machen den Unternehmer nicht obsolet, denn wahrscheinlich nähern wir uns viel effizienter dem künftigen Marktbedarf durch eine Vielzahl sehr unterschiedlicher unternehmerischer Aktivitäten als durch hundert beherzte Einzeltrendanalysen.

14 Keine Blase in Deutschland – niemals?

Auch in Deutschland sind spekulative Übertreibungen möglich.
Preisblasen sind ein sehr beliebtes Thema in der Öffentlichkeit. Sie wirken gefährlich und bedrohen tatsächlich ganze Volkswirtschaften. Viele Immobilienmarktprofis fühlen sich in Deutschland sicher vor spekulativen Übertreibungen. Doch sie sollten einen wachen Blick auf dieses Risiko behalten.

Die Haus- und Wohnungspreise in vielen deutschen Städten sind seit 2008 deutlich gestiegen, nachdem sie zuvor etwa ein Jahrzehnt lang nahezu unverändert geblieben waren. Selbst in München und Frankfurt lag der reale Quadratmeterpreis für eine 80-Quadratmeter-Wohnung mittlerer Qualität im Jahr 2007 nicht höher als im Jahr 2001. Auslöser für den Preisschub war ausgerechnet die Finanz- und Wirtschaftskrise. 2013 lagen die Wohnungspreise in deutschen Städten schon 31,5 Prozent oberhalb des Niveaus von 2008. In München und Frankfurt war in dem Zeitraum sogar ein Anstieg von 46,7 Prozent beziehungsweise 37,9 Prozent zu verzeichnen. Diese beiden Städte genießen mittlerweile den überregionalen Ruf, dass ihr Wohnimmobilienmarkt besonders hohe Preise und besonders starke Preisanstiege aufweist – auch wenn wir inzwischen wissen, dass das eine nicht unbedingt mit dem anderen korreliert.

Mit dem spürbaren Anstieg von Mieten und Preisen in den vergangenen Jahren hat sich auch die Diskussion belebt, ob in Deutschland gerade eine spekulative Blase aufgepumpt wird oder nicht. Diese Diskussion wurde nicht zuletzt durch Veröffentlichungen der Bundesbank sowie durch die geäußerte Sorge von Bundesfinanzminister Wolfgang Schäuble genährt, es könnte sich eine Immobilienblase in Deutschland entwickeln. Daraus folgen vier Fragen, die in diesem Kapitel beantworten werden sollen: Erstens: Warum ist dieses Thema so unglaublich wichtig? Zweitens: Woran erkennt man eine spekulative Blase? Drittens: Gibt es Anzeichen für eine Immobilienblase in Deutschland? Und viertens: Könnte sich eine solche Blase vielleicht in den nächsten Jahren entwickeln?

Zunächst ist es überhaupt nicht verwunderlich, dass sich Immobilienanleger, Wirtschaftspolitiker und Zentralbanker dafür interessieren, ob private und institutionelle Anleger im Moment bereit sind, etwas mehr für Immobilien auszugeben, als Bewertungsmodelle und Ökonomen ohne Blick für die Schönheit der Objekte für plausibel halten. Wenn sich Karl-Heinz Söderblöm und seine Frau in eine Wohnung verlieben und bereit sind, dafür deutlich mehr zu zahlen als alle anderen Kaufinteressenten, so spiegelt das vor allem ihre Präferenzen wider und hat etwas mit ihrem Konsumverhalten zu tun. Sollten sie dann später zum Beispiel wegen eines Arbeitsplatzwechsels zum Verkauf gezwungen sein, so wäre das für die Familie zwar ärgerlich – für die Gesamtwirtschaft ist dies jedoch irrelevant.

Anders sieht die Sache jedoch aus, wenn nicht nur die Söderblöms, sondern alle Meyers, Maiers, Meiers und Müllers im Lande ebenfalls zu viel für ihre Wohnung gezahlt haben und nun mit Wertverlust verkaufen müssten. Dann bedeutet dies nämlich für Millionen Haushalte in Deutschland eine Reduktion ihrer Vermögensposition. Negative Rückwirkungen auf ihr Konsumverhalten sind wahrscheinlich. Um das verlorene Vermögen nämlich wieder aufzubauen, müssten diese vielen Menschen mehr sparen und folglich ihren Konsum einschränken. Auf dem privaten Konsum gehen jedoch in Deutschland fast 60 Prozent des gesamten Bruttoinlandsprodukts zurück. Und schon zieht die Gefahr einer Rezession herauf.

Doch damit endet die Gefährdungslage noch lange nicht. Immobilien sind bekanntermaßen die Anlageklasse für private Haushalte, die am einfachsten über Schulden finanziert werden kann. Je nachdem wie groß der Anteil der Kreditfinanzierung und wie stark der Rückgang der Wohnungspreise ausfällt, sind Belastungen für das Bankensystem nicht auszuschließen. Banken könnten also gezwungen sein, ihre Kreditvergabe einzuschränken, was wiederum das wirtschaftliche Wachstum beeinträchtigt, weil der Zugang zu Fremdkapital für Unternehmen eingeschränkt wäre. Sogar Insolvenzen von Banken sind nicht auszuschließen. In den USA gingen zwischen 2008 und 2010 im Zuge der geplatzten Hauspreisblase über 500 Banken pleite.

Es sind also letztlich die Größe der Anlageklasse, die relativ hohe Abhängigkeit von Fremdfinanzierungen und die regionale Immobilität der Objekte, die eine Volkswirtschaft besonders verwundbar gegenüber Übertreibungen auf den Wohnungsmärkten machen. Der Blick in die jüngere Vergangenheit zeigt, dass Finanzmarktturbulenzen sehr häufig ihren Ausgang auf Immobilienmärkten genommen haben. Dies galt auch für die globale Finanz- und Wirtschaftskrise der vergangenen Jahre. In den USA fielen die Hauspreise gemäß den Daten der Bank für Internationalen Zahlungsverkehr (BIZ) zwischen 2006 und 2011 um über 30 Prozent. Mehr als 21 Millionen Haushalte verloren ihr Heim. Die Wohneigentumsquote fiel seit dem Beginn der Krise um 5 Prozentpunkte auf den Ausgangswert der Vor-Subprime-Zeit. Die Maßnahmen zur Erhöhung der Eigenheimquote erwiesen sich damit als kurzatmig. Heute wohnen in den USA nicht mehr Menschen in den eigenen vier Wänden als im Durchschnitt der 1980er oder 1990er Jahre.

In Spanien brachen die Hauspreise seit Beginn der Krise um über 30 Prozent ein, in Irland summierte sich der Preisrückgang zwischen 2007 und Mitte 2013 auf über 50 Prozent. Während in Spanien die letzten Daten der BIZ noch keine Trendwende erkennen lassen, legen die Hauspreise in Irland immerhin seit der zweiten Hälfte des Jahres 2013 wieder moderat zu.

Auch die jahrelange wirtschaftliche Schwächephase in Japan folgte unter anderem einer geplatzten Immobilienblase in den frühen 1990er Jahren. Als die Marktübertreibung ihren Zenit erreichte, waren die Immobilien in Japan angeblich doppelt so wertvoll wie alle Immobilien in den USA, obwohl die US-amerikanische Volkswirtschaft mehr als doppelt so groß war wie die japanische. Selbst der großen Weltwirtschaftskrise von 1929 ging eine Übertreibung auf den Immobilienmärkten in Florida voraus.

Alle diese Beispiele veranschaulichen, dass die gesamtwirtschaftlichen Risiken einer aufgepumpten Immobilienblase enorm sind. Zentralbanken und Finanzpolitiker beobachten die Entwicklung auf den Immobilienmärkten daher zu Recht sehr aufmerksam und warnen auch lautstark bei Anzeichen einer nennenswerten Fehlentwicklung – wohl wissend, dass die Wirkungen solcher Warnungen eher bescheiden sind. Solange sie bei den Immobilienmarktakteuren nicht als glaubwürdig eingeschätzt werden und solange Anlagealternativen fehlen, verpuffen sie einfach.

Genau das passiert gerade in Deutschland: Die Immobilienmarktakteure sehen keine Blase und viele Investoren sehen keine Anlagealternative. Denn die Aktienkurse stürmten bis Mitte 2014 noch blinder nach oben – und die Renditen für deutsche Staatsanleihen sind im Keller. Selbst die Renditen griechischer Staatsanleihen bewegen sich in etwa auf Augenhöhe mit der Mietrendite einer guten Münchener Wohnung. Was bemerkenswert ist angesichts der Tatsache, dass diese Volkswirtschaft noch kürzlich mit der Zahlungsunfähigkeit rang – der Münchener Wohnungsmarkt indes nicht.

Indizien für eine Übertreibung

Damit sind wir en passent auch schon auf die zweite Frage eingegangen, woran man spekulative Blasen erkennt. Der wohl gängigste Ansatz ist der Blick auf die Entwicklung der Mietrendite. Wenn die Preise deutlich schneller steigen als die Mieten, sinkt die Mietrendite. Für einen einzelnen Käufer kann hier die Liebe zu einem bestimmten Objekt durchaus eine Rolle spielen. Für Millionen von Anlegern kann aber ausgeschlossen werden, dass sie alle zeitgleich ihre Traumimmobilie gefunden haben. Dann lässt sich der Rückgang der Mietrendite eben nur damit erklären, dass die Käufer davon ausgehen, dass die Mieten in Zukunft noch stärker steigen als zuletzt oder dass sie später einen höheren Verkaufspreis realisieren können. Beides erfordert optimistische Erwartungen an die Zukunft – es wird spekuliert.

Neben der Mietrendite lohnt sich zur Feststellung von Übertreibungen ein Blick darauf, ob die Preise stärker steigen als die verfügbaren Einkommen. Ist das der Fall, wird es nämlich für private Haushalte zunehmend schwierig, Wohneigentum aus dem laufenden Einkommen zu finanzieren. Der Druck zur erhöhten Fremdkapitalaufnahme nimmt zu, um die wachsende Finanzierungslücke zu schließen.

In einem Umfeld niedriger Zinsen ist dies offenbar kein Problem. In einem solchen Umfeld kann es sogar sein, dass der Effekt niedriger Zinsen die Haushalte stärker entlastet, als diese durch die steigenden Preise belastet werden. Allerdings werden sie später in einem Umfeld steigender Zinsen und der Notwendigkeit einer Anschlussfinanzierung auch besonders anfällig. Genau dies war in den USA, Spanien und Irland nach 2006 geschehen, als viele Haushalte durch die Banken nicht mehr die gewohnt günstigen Finanzierungskonditionen eingeräumt bekamen.

Steigen die Einkommen langsamer als die Mieten, kann sich wiederum keine spekulative Übertreibung herausbilden. Denn in solch einem Umfeld verhandelt wohl kein Mieter spekulativ seine eigene Miete nach oben. Es gibt dann einfach zu wenig Wohnraum. Dann ist die einzige Lösung, Wohnungen in den nachgefragten Regionen und in der gewünschten Qualität zu bauen.

Zur Einschätzung des Preisniveaus lohnt sich zudem ein Blick auf die Entwicklung der neuen Wohnungsbaukredite. Dabei ist es zusätzlich sinnvoll, die Konditionen dieser Kredite zu untersuchen, denn eine Erhöhung des Fremdkapitalanteils kann bei steigenden Zinsen für einen einkommensschwachen Haushalt rasch zu einem ernsten Problem werden, für einen einkommensstarken Haushalt jedoch nicht. In den USA ließ sich in den Jahren vor der Finanzkrise beobachten, dass gerade Kreditnehmer mit geringer Bonität zunehmend Hypotheken mit sehr kurzer Laufzeit abgeschlossen hatten. Kreditnehmer mit sehr guter Bonität wiederum schlossen zunehmend langfristige Festverträge ab, wie wir sie in Deutschland kennen. Selbst wenn das gesamte Kreditvolumen in den USA unverändert geblieben wäre – was es nicht tat –, hätte sich ein gewaltiges Risiko aufgebaut. Bei kurzen Laufzeiten schlägt ein Zinsanstieg stärker auf die einkommensschwachen Haushalte durch.

Schließlich muss noch die Entwicklung des Wohnungsbestands im Blick behalten werden. Wenn das Angebot deutlich langsamer wächst als die Nachfrage, kommt es früher oder später zu Verknappungen. Steigende Mieten und Preise wären dann eine zwingende Folge der geringen Bautätigkeit und nicht Ausdruck von Spekulation. In Spanien wurden vor der Krise über 700.000 Wohnungen pro Jahr fertig gestellt. Das sind etwa dreimal mehr als in Deutschland – wobei die Zahl der Haushalte in Spanien nicht einmal halb so hoch ist wie jene in Deutschland. In Irland wurden während der Boomzeit in jedem Quartal etwa so viele Wohnungen fertig wie in Berlin im Jahr 1995. Das wäre gerechtfertigt gewesen, wenn es in Irland jedes Quartal einen vergleichbaren ökonomischen Schock wie die Wiedervereinigung gegeben hätte.

Natürlich muss man Spanien und Irland zubilligen, dass es einen Nachholbedarf geben kann. Es ist keineswegs einfach, den Umfang eines Nachholbedarfs einzuschätzen. Doch wenn man über viele Jahre feststellt, dass die Zahl der Fertigstellungen spürbar höher ist als die Zahl der neuen

Haushalte und gleichzeitig die Mieten bei steigenden Kaufpreisen nicht anziehen, dann ist dies ein klares Indiz für eine spekulative Übertreibung.

Sonderfall Deutschland

Ausgerüstet mit den grundsätzlichen Maßzahlen für spekulative Übertreibungen schauen wir nun auf Deutschland. Eingangs hatten wir darauf hingewiesen, dass in sehr vielen Städten die Wohnungspreise seit 2008 deutlich schneller gestiegen sind als in den Jahren zuvor. Betrachten wir nun unsere erste Maßzahl, die Entwicklung der Mietrendite. In den meisten Städten mit kräftigem Preisanstieg sind zwar auch die Mieten deutlich in die Höhe geschossen. In etwa 75 Prozent der untersuchten Städte stiegen die Preise von 2008 bis 2013 aber stärker als die Mieten, mitunter war die Differenz der Wachstumsraten sogar deutlich spürbar (in München zum Beispiel 4,8 Prozentpunkte Differenz im Jahr).

Allerdings muss dabei berücksichtigt werden, dass Immobilienmärkte langsamer als Aktienmärkte oder Konsumgütermärkte auf Störungen reagieren. Aktuell sind die Investmentmärkte zwar stärker als die Nutzermärkte. In vielen Städten war dies jedoch in den zehn Jahren vor 2008 genau andersherum. Die aktuelle Belebung auf den Investmentmärkten ist also zumindest teilweise eine Normalisierung nach der vorherigen Schwächephase. Das Argument zieht jedoch nicht immer. In einigen deutschen Städten liegt die aktuelle Mietrendite unterhalb des langjährigen Mittelwertes. Dies gilt insbesondere für die besten Lagen in den Metropolregionen und für eine wachsende Zahl an Universitätsstädten. Das Normalisierungsargument ist dort bereits heute nicht mehr tragfähig.

Solange aber die Mietrenditen deutscher Wohnungen spürbar oberhalb der Rendite festverzinslicher Wertpapiere liegen, solange ist es immerhin unwahrscheinlich, dass Anleger ihr Geld ruckartig von den Immobilienmärkten abziehen. Doch gerade bei diesem Seitenarm der Argumentationskette rund um die Normalisierung auf den Immobilienmärkten sollten Anleger beachten, dass es mittelfristig auch zu einer Normalisierung auf den Anleihemärkten kommen könnte. Steigende Anleihezinsen würden nicht nur die Finanzierung von Immobilien erschweren, sie würden auch die relative Attraktivität der Anlageklasse schmälern.

Unsere erste Maßzahl deutet also nicht auf eine flächendeckende spekulative Übertreibung hin. Doch steigende Zinsen bergen einen latenten Gefährdungstatbestand für die Zukunft. Sollten aufgrund steigender Zinsen die Wohnungspreise mittelfristig sinken, sollte man dann fairerweise nicht von einer geplatzten Blase sprechen, sondern von einem fundamental gerechtfertigten Preisrückgang.

Kommen wir zu unserer zweiten Maßzahl: Sind die Wohnungen in Deutschland noch erschwinglich? Der hoffnungslos verschulte Ökonom kann darauf nur mit einem klaren „Jein" antworten. Richtig ist, dass die Preise in den meisten Städten zuletzt schneller stiegen als die verfügbaren Einkommen. Und die Relativierung, dass die niedrigen Zinsen den Hauserwerb eben weiterhin erschwinglich machen, ist eine zeitlich befristete Beruhigungspille, denn natürlich trägt das Argument nur so lange, wie die Zinsen auch auf ihrem historischen Tief bleiben. Das Ärgerliche an historischen Tiefs ist aber, dass sie nicht von Dauer sind – ein Anstieg also für die Anschlussfinanzierung wahrscheinlicher ist als das Verharren im Zinstal.

Im internationalen Vergleich gelten deutsche Wohnungen jedenfalls immer noch als relativ günstig. So signalisiert auch diese Maßzahl kein akutes Problem. Das latente Risiko steigender Zinsen bedeutet jedoch, dass der Zeitaufschub nur geborgt ist.

Das Volumen der Wohnungsbaukredite, unsere dritte Maßzahl, ist in den zurückliegenden Jahren um nicht mehr als 2 Prozent pro Jahr gestiegen. In Spanien, Irland oder Italien explodierte das Kreditvolumen vor 2007 zweistellig pro Jahr. Selbst wenn es im Zuge steigender Zinsen also zu einer Marktberuhigung oder sogar zu sinkenden Wohnungspreisen kommen sollte, so ist eine Gefährdungslage des deutschen Bankensystems wie in den anderen Ländern derzeit für Deutschland nicht zu erkennen.

Dieser Punkt ist sehr wichtig. Denn die Analyse früherer, durch Übertreibungen auf den Immobilienmärkten ausgelöster Finanzkrisen macht deutlich, dass in den meisten Fällen die Übertreibung durch Fremdkapital angeheizt wurde. Mit Eigenkapital kann man zwar auch spekulieren. Das hat dann aber nur Konsequenzen für das eigene Konto und nicht für das ganze Finanzsystem. Schließlich trägt ebenfalls zur Beruhigung bei, dass in Deutschland nicht zu viel gebaut wird. In den vergangenen vier Jahren wurden im Schnitt jedes Jahr nicht mehr als 200.000 Wohnungen fertiggestellt. In diesem Zeitraum kamen eine Million Menschen mehr nach Deutschland als das Land verließen. Berücksichtigt man den Wohnungsabriss, reichte der Neubau also gerade aus, um den neuen Mitbewohnern ein Dach über dem Kopf zu bieten. Da die Zahl der Haushalte in Deutschland aber auch ohne Zuwanderung bis zuletzt weiter wächst und die wirtschaftsstarken Regionen Binnenwanderungen aus den wirtschaftsschwachen Regionen auslösen, wird hierzulande immer noch eher zu wenig als zu viel gebaut. Von spanischen oder irischen Verhältnissen kann keine Rede sein.

So beschränken sich die Gefahren einer Blasenbildung in Deutschland bislang auf einzelne Toplagen, die noch längst kein Bedrohungsszenario für die gesamte Volkswirtschaft darstellen. Aber könnte sich denn in Deutschland überhaupt eine spekulative Blase aufbauen? Mitunter wird argumentiert, dass sowohl der institutionelle Rahmen (überwiegend Festzinskredite, hoher Eigenkapitalanteil, geringe Eigenheimquote) wie auch die hiesige Mentalität das Entstehen von Blasen auf den Vermögensmärkten verhindert. Wir sind keine Anthropologen, müssen uns also insbesondere bei der Bewertung des letzten Arguments zurückhalten. Doch verführt uns die Tatsache, dass der deutsche Aktienindex Dax volatiler ist als der amerikanische Dow-Jones-Index, zu der Vermutung, dass der institutionelle Rahmen wohl das verlässlichere Sicherheitsnetz ist als das Vertrauen auf des Deutschen Mentalität.

Verhaltensänderungen durch Schocks

Überhaupt sollte man nach Charles Kindleberger verhaltensökonomische Aspekte bei der Entstehung von Blasen ernstnehmen. Nach seiner Beobachtung entstehen spekulative Blasen im Zuge eines Schocks, der dann Verhaltensänderungen bewirkt. Gefährlich wird es vor allem, wenn dies in aggressive Kreditaufnahme mündet. Was könnten nun solche verhaltensökonomischen Aspekte sein? Auf diesem Forschungsfeld haben sich Ökonomen in den vergangenen Jahren sehr aufgeschlossen gezeigt und Lehren der Hirnforschung, Psychologie und Soziologie in ihre Analysewelt einbezogen. Insbesondere die Arbeiten von Amos Tversky und Daniel Kahneman waren wegbereitend. In ihren zahlreichen Experimenten konnten sie eindrucksvoll nachweisen, dass die meisten Menschen systematisch an Rationalitätsgrenzen stoßen. Menschen sind im Alltag (und mitunter auch in Klausuren) schlecht in Statistik, sie legen großen Wert auf sehr kurz zurückliegende Erlebnisse und Informationen, sie blenden länger zurückliegende Erlebnisse und dabei gesammelte Erfahrungen teils ganz aus. Irrelevante

Informationen führen dann zu Verhaltensänderungen. Ihre eigenen Fertigkeiten überschätzen viele ohnehin maßlos. Dies gilt gerade dann, wenn man dieses Überschätzen in einer eigenen Erfolgsgeschichte erzählen kann.

Wenn Menschen nun also frische Erfahrungen bei der Entscheidungsfindung übergewichten, sie anfällig für Manipulationen sind und ihre eigenen Fertigkeiten überschätzen, dann ist es natürlich möglich, dass eine große Anzahl von Anlegern im Zuge des Preisaufschwungs auf den Immobilienmärkten in den letzten Jahren ihre Erwartung an die Immobilienrendite nach oben anpasst. Genau das könnte dann die wesentliche Zutat für eine spekulative Übertreibung in der Zukunft sein. Bislang ist dies zum Glück nur reine Spekulation auf die künftige Spekulation. Verkürzt ließe sich dies so formulieren: Eine Blase kann dann entstehen, wenn die fundamentalen Gründe für eine Geldanlage zu lange bemüht werden. Und die eigenen Erfahrungen der letzten Übertreibungen lassen sich vielleicht so zusammenfassen: Wenn die Hälfte der Analysten vor einer Übertreibung warnt, dann geht die Aufwärtsdynamik noch zwei Jahre weiter, so dass am Ende der Anpassung letztlich alle Lügen gestraft werden könnten.

Ob es nun sinnvoll war, dass Bundesbank und Finanzminister vor einer Immobilienblase in Deutschland warnten, ist aus heutiger Sicht schwer zu sagen. Wenn die Marktakteure zu lange einer Warnung keinen Glauben schenken müssen, dann verliert jede weitere Warnung an Gewicht und damit an Überzeugungskraft. Ob die Warnung zu früh kam oder vielleicht doch gerade rechtzeitig, wird uns die Entwicklung zeigen – leider ist man immer erst hinterher schlauer.

SCHLUSSBEMERKUNG

Auf Neuankömmlinge wirkt das Immobiliengeschäft seltsam ambivalent. Die Einstiegsschwelle scheint zunächst niedrig zu sein. Ein Haus zu kaufen, um es dann selbst zu nutzen oder zu vermieten, ist oberflächlich betrachtet nicht sonderlich anspruchsvoll. Doch der Respekt vor der Aufgabe, mit Immobilien erfolgreich zu wirtschaften, wächst mit dem Verständnis des Geschäfts. Wer mit der Motivation herangeht, mit wenig Arbeit viel Geld verdienen zu wollen, wird schnell an seine Grenzen geführt.

Der Umgang mit Immobilien ist anspruchsvoll, weil er sehr vielschichtig ist – die vorangegangenen Seiten haben einen Eindruck davon gegeben. Die Objektqualität muss genau betrachtet, der Standort genau analysiert werden. Die wirtschaftliche Kalkulation im Vorfeld sollte so nahe wie möglich an die Wirklichkeit heranreichen und darf nicht im Selbstbetrug nach dem Motto „Wird schon alles gut werden" steckenbleiben. Viele große und kleine Stellschrauben lassen sich drehen, deren Bedeutung nicht immer auf den ersten Blick zu erkennen ist. Und natürlich müssen die Nutzung und die Finanzierung passen. Dabei kann man in den Mühen des Alltagsgeschäfts rasch die Übersicht verlieren.

Es ist ein Verdienst des noch jungen Wissenschaftszweigs Immobilienökonomie, dass er viele grundsätzliche Erkenntnisse aus dieser unübersichtlichen Gemengelage sammelt, sortiert und strukturiert. Das macht die neue Qualität von Immobilieninvestitionen in Deutschland aus, wie sie sich über die vergangenen 25 Jahre etabliert hat. Trotz der Kleinteiligkeit der Branche haben sich wichtige Standards entwickelt – etwa der Umgang mit Kennzahlen, um Vergleichbarkeit herzustellen. Marktdaten werden nicht mehr grundsätzlich als wohlgehütete Geheimnisse behandelt. Dies schafft mehr Effizienz und fördert die Professionalität der Marktakteure.

Dabei steht die Entwicklung im Vergleich etwa zu den angelsächsischen Ländern immer noch am Anfang. Hier zeigt sich das ganze Potential einer Branche, die in der öffentlichen Wahrnehmung immer noch eher ein Schattendasein führt, weil ihr das schlechte Ansehen aus der Vergangenheit hartnäckig anhängt. Auf die Frage, wie sie in die Immobilienbranche gekommen sind, antworten heute immer noch die meisten Marktakteure: durch Zufall. Je mehr das verbreitete schlechte Image durch die laufende Modernisierung und Professionalisierung zurückgedrängt werden kann, umso öfter wird der Einstieg in die Immobilienbranche zukünftig eine bewusste Berufsentscheidung. Mit diesem Buch wollten wir auch einen Beitrag dazu leisten, Interesse für die Immobilienwirtschaft zu wecken.

Für den Einstieg in die ganze Vielfalt der Immobilienwelt haben wir nun die Märkte vorgestellt, die Komplexitäten dargestellt und die herrschenden Vorurteile auf ihren Wahrheitsgehalt abgeklopft. Wie immer im Leben gibt es kein Patentrezept, das den Erfolg von Investitionen garantiert. Aber es gibt Wegmarken, die ihn wahrscheinlicher machen. So wollen wir unseren Lesern am Ende dieses Buches unsere acht Regeln nicht vorenthalten, die immerhin Orientierung auf dem Weg zum Erfolg in der Immobilienanlage geben können.

Erste Regel: Prüfe die eigenen Anlageziele. Die Immobilie muss vor allen Dingen zur Risikoneigung passen.

Zweite Regel: Bestimme die Möglichkeiten der Anlage. Hier gilt es vor allem, zwischen dem direkten oder dem indirekten Weg in die Immobilienanlage zu wählen. Werden wesentliche Entscheidungen delegiert, oder macht man doch lieber alles selbst?

Dritte Regel: Prüfe das Objekt – und zwar genau. Jedes noch so ausgeklügelte Geschäftsmodell besteht nur aus Zahlen, die das Objekt erst mit Leben erfüllen muss. Je mehr auf das konkrete Gebäude geschaut wird, umso mehr lassen sich unangenehme Überraschungen vermeiden.

Vierte Regel: Schaue auf die Marktbewegungen links und rechts vom eigenen Objekt. Immobilienmarktakteure übersehen zu schnell, dass ihr Objekt im allgemeinen Auf und Ab der spezifischen Immobilienmarktkonjunktur mitläuft.

Fünfte Regel: Lass' Experten arbeiten – doch prüfe alle Ergebnisse ihrer Arbeit auf Plausibilität. Die Detailfülle des Alltagsgeschäfts zwingt zur Arbeitsteilung. Doch darf darüber die Kontrolle nicht vernachlässigt werden.

Sechste Regel: Nutze Daten – aber mit Augenmaß. Sie geben Sicherheit vor einer Anlageentscheidung. Im Mittelpunkt muss aber die Immobilie mit ihrer vorgesehenen Nutzung stehen.

Siebte Regel: Denke beim Ankauf immer schon an den Verkauf. So wird der Handlungsspielraum größer und für unvorhersehbare Ereignisse ein Schutzschild vor empfindlichen Verlusten aufgebaut.

Und schließlich die **achte Regel**: Traue Binsenweisheiten nur begrenzt.

ANHANG ZU KAPITEL 4

Im Kapitel 4 hatten wir die Beziehungen zwischen dem Vermietungsmarkt, dem Investmentmarkt und dem Baumarkt dargestellt und eine einfache grafische Darstellung für den Anhang aufgehoben. Diese grafische Darstellung ist das Zusammenführen von einzelnen verbundenen Teilmärkten in ein verschachteltes Diagramm. Die vier Quadranten sind hierbei nichts anderes als vier einzelne Koordinatenkreuze, die mal zur linken Seite (Quadrant II); mal nach links unten (Quadrant III) und mal nach rechts unten gekippt wurden (Quadrant IV).

Im Folgenden erläutern wir die vier Quadranten und spielen an zwei Beispielen durch, wie die Immobilienmärkte bei einer Veränderung wichtiger Parameter reagieren. Fangen wir bei dem Quadranten I rechts oben an. Hier wird eine Nachfragekurve für den Vermietungsmarkt abgetragen. Die Kurve fällt, das heißt, Menschen fragen mehr Wohnfläche nach, wenn die Mieten sinken.

Da der Wert einer Immobilie idealtypisch als die Summe aller künftigen Mieteinnahmen berechnet werden kann, lässt sich mit Hilfe eines Kapitalisierungszinssatzes aus der aktuellen Miete auf einen gleichgewichtigen Wert einer Immobilie schließen. Dies veranschaulicht der Quadrant II links oben. Die Gerade überträgt die aktuelle Miete auf einen aktuellen Immobilienpreis. Die Steigung der Kurve bildet diesen Kapitalisierungszinssatz ab beziehungsweise die Relation aus Miete zu Kaufpreis. Dieser Zinssatz ist nichts anderes als der Kehrwert aus dem Vervielfältiger.

Im Quadrant III links wird der Baumarkt dargestellt. Neue Gebäude werden immer dann gebaut, wenn die Immobilienwerte oberhalb der Erstellungskosten liegen. Steigen die Immobilienpreise, lohnen sich Neubauprojekte mehr. Daher gibt es einen positiven Zusammenhang zwischen Immobilienpreisen und der Bauaktivität. Aufgrund der Drehung des Koordinatenkreuzes weist die Kurve nach links unten. Dass die Neubaukurve nicht im Koordinatenursprung beginnt, hat einen einfachen Grund: Die Produktionskosten müssen auf jeden Fall gedeckt werden – wird dieser Schwellenwert beispielsweise in Regionen mit hohem Leerstand unterschritten, kommt es zu überhaupt keinen Neubauten. Der vierte Quadrant schließlich stellt die Bestandsanpassung dar. Die Kurve in diesem Quadranten wird durch die Abschreibungsrate bestimmt. Im Marktgleichgewicht werden dann nämlich exakt so viele neue Wohnungen gebaut wie gleichzeitig vom Markt gehen.

Abbildung 1 veranschaulicht nun ein Gleichgewicht auf den Immobilienmärkten anhand des Vier-Quadranten-Modells. Im ersten Quadranten folgt die Gleichgewichtsmiete M* daraus, dass die Nachfrage gemäß Nachfragefunktion genau zu dieser Miete das Immobilienangebot X* absorbiert. Im Quadranten II folgt dann gemäß der Kapitalisierungsfunktion aus der Miete M* ein gleichgewichtiger

Immobilienpreis P*, und dieser Preis legt über die Neubaufunktion im Quadranten III die Bauaktivität B* fest, so dass die Bestandsanpassung im Quadrant IV exakt in dem Maße erfolgt, wie es zum Erhalt des Immobilienbestands X* notwendig ist.

Dies war jetzt bisher nichts anderes als Kurvenbeschreibung. Nun können wir anfangen, mit diesem Modell Entwicklungen auf Immobilienmärkten zu erklären. Hierfür werden wir im Folgenden zwei Effekte durchspielen – Ökonomen sprechen dann gerne von „Schocks", also solchen Veränderungen, die nicht innerhalb der gezeigten Kurven stattfinden, sondern die zu einer Lageveränderung einzelner Kurven führen könnten.

Der erste „Schock" soll der aktuell relevante Fall eines unerwarteten Bevölkerungszustroms sein (vgl. Abbildung 2), zum Beispiel weil die Arbeitslosenquote in Südeuropa nicht hinreichend schnell sinkt und daher viele Menschen nach Deutschland kommen. Dies führt dann zu einer Verschiebung der Nachfragekurve nach rechts oben. Da das Wohnungsangebot X* kurzfristig nicht verändert werden kann, steigen die Mieten auf M_1 und gemäß der Kapitalisierungskurve auch die Immobilienpreise auf P_1. Dies sorgt dann für einen Neubau, der deutlich oberhalb der Abschreibungsrate liegt, sprich das Wohnungsangebot steigt so lange, bis sich ein neues Gleichgewicht einstellt. In der Abbildung 2 ist dies bei X** erreicht. Gemäß der neuen Nachfragekurve auf dem Vermietungsmarkt folgt daraus eine neue Gleichgewichtsmiete M** und aus der Kapitalisierungskurve ein neuer Gleichgewichtspreis P**. Dauerhaft muss dann natürlich auch mehr gebaut werden als im Ausgangszustand, da der größere Wohnungsbestand gemäß der Abschreibungsrate auch mehr Ersatzbauten erzwingt. Steigt die Bevölkerungszahl auch in den Folgejahren, würde sich die Nachfragekurve weiter nach außen verschieben, dauerhafte Miet- und Preiszuwächse wären die Folge.

Für unser zweites Beispiel nehmen wir an, die Anleihezinsen für sichere Staatsanleihen sinken deutlich. Anleger würden dann ihr Portfolio neu strukturieren und auch mehr Immobilien kaufen. Bei konstanter Risikoprämie für Immobilien gegenüber den risikoarmen Staatsanleihen würde die Kapitalisierungsrate sinken. In Abbildung 3 wird dies durch die Drehung der Kapitalisierungskurve nach unten gezeigt. Jede beliebige Miete impliziert nun höhere Immobilienpreise, denn eine Drehung der Kapitalisierungskurve nach unten entspricht einer sinkenden Mietrendite beziehungsweise einem steigenden Vervielfältiger.

Doch auch dies ist nicht das Ende der Anpassung: Die höheren Immobilienpreise sorgen für Neubau jenseits der Abschreibungsrate, der Wohnungsbestand wächst so lange, bis sich ein neues Marktgleichgewicht eingestellt hat. Dies wird hier bei einem höheren Wohnungsbestand X** gefunden. Da es in diesem Modell keine Veränderung auf dem Vermietungsmarkt gab, folgt aus dem Sinken der Anleihezinsen ein Rückgang der Wohnungsmieten. Im neuen

Gleichgewicht sind die Mieten gesunken, die Preise indes etwas gestiegen, der Wohnungsbestand ist größer geworden und die Bauaktivität nahm zu.

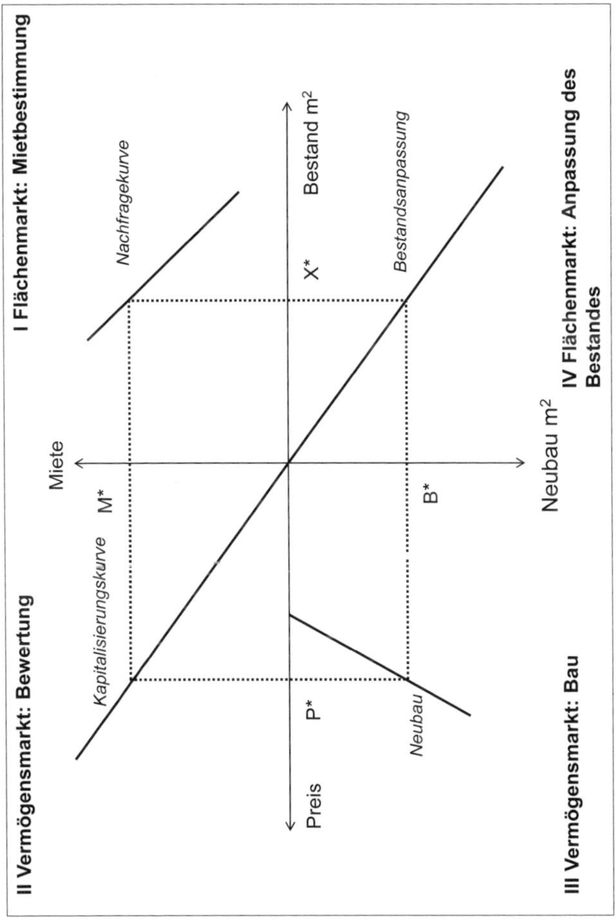

Abbildung 1: Vier-Quadranten-Modell zum Immobilienmarkt

Quelle: DiPasquale/Wheaton, 1996

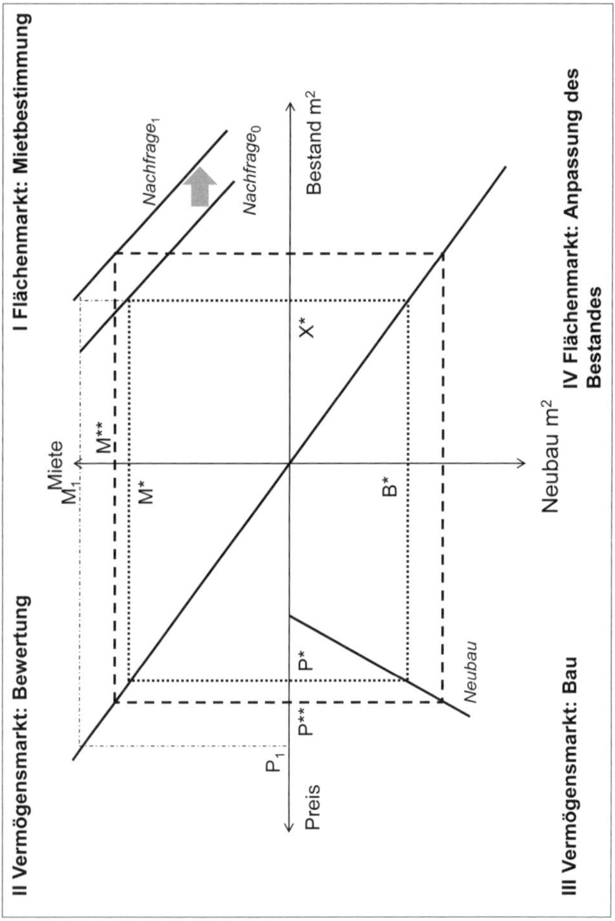

Abbildung 2: Vier-Quadranten-Modell bei steigender Einwohnerzahl

Quelle: DiPasquale/Wheaton, 1996

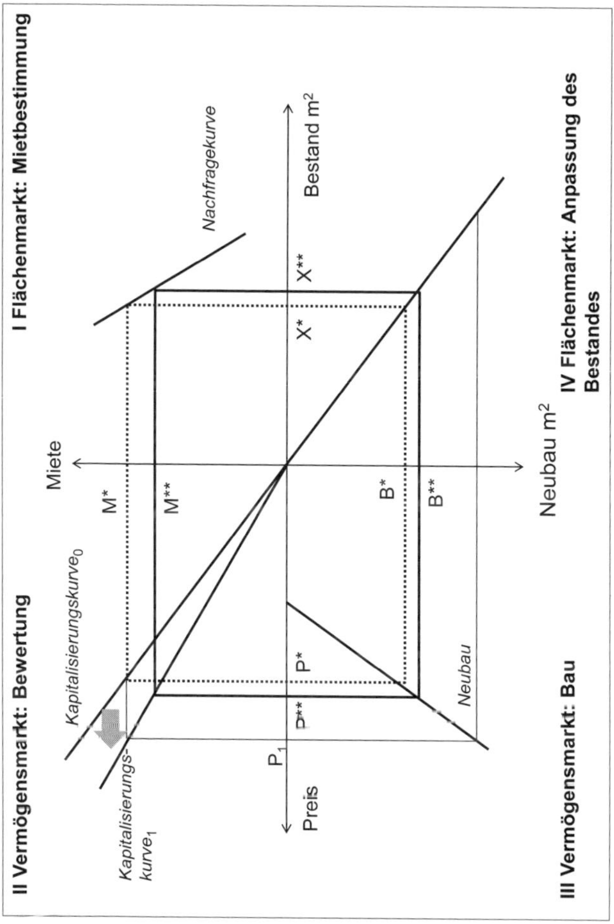

Abbildung 3: Vier-Quadranten-Modell bei fallenden Anleihezinsen

Quelle: DiPasquale/Wheaton, 1996

GLOSSAR

AfA: Abkürzung für „Absetzung für Abnutzungen“. Ist die Bezeichnung für die steuerrechtlich zu ermittelnde Wertminderung von Anlagevermögen wie etwa Immobilien. Im allgemeinen Sprachgebrauch wird die AfA auch mit der Abschreibung oder dem Abschreibungssatz synonym verwendet.

Anlageklasse: Auch Asset-Klasse genannt – bezeichnet die Einteilung des Kapitalmarktes in verschiedene Segmente. Diese Einteilung orientiert sich üblicherweise an ähnlichen Risikoeinflussfaktoren. Wichtige Anlageklassen sind Aktien, Renten, Immobilien, Rohstoffe und Geldmarktinstrumente.

Arbitrage: Bezeichnet das Ausnutzen von Preis- beziehungsweise Kursdifferenzen für identische Finanztitel beziehungsweise Güter an unterschiedlichen Märkten. Dabei ist eine risikolose Gewinnerzielung möglich. Die Ausnutzung von Arbitragegelegenheiten durch Marktakteure führt zu einem Ausgleich zwischen den Märkten. Deshalb besteht eine Möglichkeit zur Arbitrage immer nur temporär.

Asset Manager: Häufig genutztes Synonym für Vermögensverwalter. In der Immobilienbranche ist damit vor allem die Eigentümervertretung durch einen Dienstleister gemeint. Ziel des Asset Managers ist es, das in Immobilien investierte Kapital unter Ausnutzung aller Wertsteigerungspotentiale zu sichern beziehungsweise zu maximieren sowie die Ertragskraft von Immobilien in allen Phasen des Investmentzyklus zu optimieren.

Beleihungswert: Basis für die Darlehenshöhe einer Immobilienfinanzierung. Wird auf Grundlage der Kreditsicherheit vom Kreditgeber ermittelt. Der Beleihungswert stellt den langfristig zu erzielenden Wert der Immobilie dar, der zu jedem beliebigen Zeitpunkt realisiert werden könnte.

Compliance: Bedeutet für Unternehmen die Einhaltung von Gesetzen, Vorschriften, Richtlinien und Grundsätzen. Compliance-Aktivitäten können auf freiwilliger Basis erfolgen, aber in Einzelfällen auch gesetzlich vorgeschrieben sein.

Corporate Governance: Sammelbegriff für die Grundsätze der Unternehmensführung, die in einem Unternehmen den rechtlichen und faktischen Ordnungsrahmen darstellen, der für die Leitung und Kontrolle erforderlich ist. Durch die Einhaltung kann das Unternehmensergebnis optimiert werden. Oft steht Corporate Governance im Zusammenhang mit der sozialen Verantwortung eines Unternehmens.

Due Diligence: Bezeichnung für die umfassende Risikoprüfung, die mit „höchster Sorgfalt" beispielsweise vor Transaktionen von Immobilien oder Unternehmensbeteiligungen durchgeführt wird. Der Käufer führt sie durch, um damit Stärken und Risiken eines Transaktionsobjekts angemessen zu analysieren.

Externe Effekte: Treten auf, wenn sich das Verhalten eines Marktteilnehmers auf unbeteiligte Personen auswirkt und nicht kompensiert wird. Dabei wird zwischen positiven (auch sozialer Ertrag) und negativen (auch soziale Kosten) externen Effekten unterschieden.

Facility Manager: Im Rahmen der Immobilienverwaltung vor allem für die technische Seite verantwortlich. Neben der Erhaltung baulicher und anlagentechnischer Werte sowie der Einhaltung gesetzlicher Vorschriften, obliegt ihm die Aufgabe der Erhöhung von Nutzungsqualitäten sowie der Reduzierung von Nutzungskosten in den zu betreuenden Immobilien.

Gesamtrendite: Auch Total Return genannt - setzt sich aus der Mietrendite und der Wertänderungsrendite einer Immobilieninvestition zusammen. Damit wird der Erfolg einer laufenden Investition messbar.

Geschlossene Immobilienfonds: Investieren nur in wenige Objekte, oder auch nur in eine einzige Immobilie. Objekt und Investitionsvolumen werden meist im Voraus genau festgelegt. Nach dem Verkauf aller vorgesehenen Anteile wird der Fonds geschlossen und mit dem eingesammelten Kapital das Objekt erworben. Geschlossene Immobilienfonds haben oft eine genau festgelegte Laufzeit.

Sie sind häufig in der Rechtsform einer GmbH & Co. KG aufgelegt und bieten damit alle Chancen und Risiken einer Unternehmensbeteiligung.

Gesetz von Okun: nach Arthur Melvin Okun (1928 bis 1980) – erklärt den Zusammenhang zwischen Produktionswachstum und Arbeitslosigkeit einer Volkswirtschaft. Wenn das Wachstum das normale Produktionswachstum (auch Beschäftigungsschwelle genannt) übersteigt, geht dies mit einem Rückgang der Arbeitslosigkeit einher. Die Arbeitslosigkeit steigt wiederum, wenn das Wirtschaftswachstum niedriger ausfällt als das normale Produktionswachstum.

Hyperinflation: Ist eine Extremform der Inflation. Dabei kommt es innerhalb kurzer Zeit zu einem rapiden Anstieg des Preisniveaus. Dadurch findet eine Geldentwertung statt.

Investmentvermögen: Ist eine Form der gemeinsamen Geldanlage, bei der von mehreren Anlegern Kapital eingesammelt wird, um es gemäß einer festgelegten Anlagestrategie zum Nutzen dieser Anleger zu investieren. Der Begriff wurde im Sommer 2013 durch das neue Kapitalanlagegesetzbuch eingeführt und soll den Begriff Fonds ersetzen. Hartnäckig verwenden wir in diesem Buch aber weiterhin die im allgemeinen Sprachgebrauch verankerte Bezeichnung.

Junior Loan: Bildet die Ergänzung zum Senior Loan und finanziert die verbliebene Kreditlücke (siehe Senior Loan). Es ist ein Nachrangdarlehen, für das Gläubiger im Fall einer Insolvenz erst nach dem Erstrangdarlehen bedient werden.

Leverage-Effekt: Beschreibt die Hebelwirkung des eingesetzten Fremdkapitals auf die Eigenkapitalrentabilität. Dabei ist zwischen einem positiven Leverage-Effekt (die Investitionsrendite liegt über dem Fremdkapitalzins) und einem negativen Leverage-Effekt (der Kreditzins übersteigt die Investitionsrendite) zu unterscheiden.

Liegenschaftszins: Findet in verschiedenen Wertermittlungsverfahren für Immobilien Verwendung, insbesondere im deutschen Ertragswertverfahren. In der Immobilienwertermittlungsverordnung wird der Liegenschaftszins als der Zinssatz definiert, mit dem der Verkehrswert einer Immobilie im Durchschnitt marktüblich verzinst wird.

LTV: Abkürzung der Kennziffer Loan-To-Value – drückt das Verhältnis zwischen dem Kreditbetrag und dem Marktwert des finanzierten Objekts aus. Der sogenannte LTV-Quotient wird von Kreditgebern zur Kontrolle von Finanzierungen eingesetzt und darf die festgelegte Grenze nicht überschreiten. Ansonsten werden unter anderem vorzeitige Tilgungszahlungen fällig. Im Deutschen bezeichnet der Beleihungsauslauf zusätzlich das Verhältnis zwischen Kreditbetrag und dem Beleihungswert.

Mezzanine-Kapital: Stellt die Zwischenform von Eigen- und Fremdkapital dar. Durch den Mischcharakter, der einzelne Merkmale von Eigen- und Fremdkapital miteinander vereint, lässt sich unter anderem der Anteil des bankenfinanzierten Fremdkapitals verringern. Das höhere Risiko des Mezzanine-Gebers im Vergleich zu einem klassischen Bankdarlehen wird durch eine höhere Verzinsung ausgeglichen.

Mietrendite: Ist Teil der Gesamtrendite und setzt die Mieteinnahmen einer Immobilie mit ihrer Anschaffungsaufwendung ins Verhältnis. In der Immobilienanlage gibt sie den laufenden Ertrag wieder – wie die Kuponrendite bei Anleihen oder die Dividendenrendite bei Aktien.

Offene Immobilienfonds: Investieren im Vergleich zu geschlossenen Immobilienfonds breit gestreut in eine Vielzahl von Immobilien, um aus mehreren kleinen Kapitalbeträgen ein großes Kapitalvermögen zu bilden. Fondsanteile können üblicherweise jederzeit erworben werden. Unter Einhaltung von bestimmten Fristen können Anleger sie bei Bedarf verkaufen. Im Gegensatz zu geschlossenen Immobilienfonds haben offene Immobilienfonds keine feste Laufzeit.

Pfandbrief: Ist ein festverzinsliches Wertpapier, das als Sicherheit für die Anleger über eine Deckungsmasse verfügt, welche sich aus Sachvermögen zusammensetzt. Im Fall von Immobilienhypotheken-Pfandbriefen ist dies ein

Grundpfandrecht auf das besicherte Grundstück. In der deutschen Version ist der Pfandbrief eine sehr sichere Anlageform, die von auflegenden Banken zur Refinanzierung über den Markt genutzt wird.

Projektentwickler: Seine Aufgabe besteht in der Konzeption und Erstellung von Neubauten beziehungsweise in der Neupositionierung und des Umbaus von Bestandsobjekten. Durch die Kombination der Faktoren Standort, Projektidee und Kapital schafft er im Idealfall wettbewerbsfähige und standortverträgliche Immobilienprojekte, die dauerhaft rentabel nutzbar sind.

Projektsteuerer: Hat im Rahmen größerer Bauprojekte die Aufgabe, eine delegierbare Auftraggeberfunktion in organisatorischer, rechtlicher, technischer sowie wirtschaftlicher Hinsicht wahrzunehmen. Darunter fallen insbesondere Beratungs-, Koordinierungs-, Informations- und Kontrollleistungen.

Property Manager: Im Rahmen der Immobilienverwaltung vor allem für die kaufmännische Seite verantwortlich. Ihm obliegt das operative Management von Immobilien gemäß einer vorgegebenen Objektstrategie mit dem Ziel einer renditeoptimierenden Bewirtschaftung. Das Aufgabenspektrum lässt sich in die Bereiche Planung, Steuerung sowie Controlling/Reporting/Risikomanagement unterteilen.

Quantitätsgleichung: Auch Fishersche Verkehrsgleichung nach Irving Fischer (1867-1947) – danach muss das nominale Bruttoinlandsprodukt der Geldmenge multipliziert mit der Umlaufgeschwindigkeit des Geldes entsprechen. Das bedeutet, alle volkswirtschaftlichen Geld- und Güterströme einer Periode müssen sich wertmäßig entsprechen.

Senior Loan: Ist ein erstrangig besichertes Darlehen. Im Fall einer Insolvenz des Schuldners werden Senior Loans aus der Konkursmasse als erste bedient und machen üblicherweise etwa 60 % des Wertes einer Liegenschaft aus.

Spezialfonds: Investmentfonds, die für institutionelle Anleger wie Versicherungen, Versorgungswerke und Finanzinstitute aufgelegt werden. Die Anzahl der Anleger in einem Spezialfonds ist üblicherweise begrenzt.

Tobins q: 1963 eingeführt von James Tobin (1918 bis 2002) – ist die Relation zwischen dem Wert eines Unternehmens und dem zugrunde liegenden Wert der Investition. Das heißt, für $q > 1$ werden Investitionen durchgeführt, für $q < 1$ unterbleiben diese.

Vervielfältiger: Entspricht dem Kapitalisierungsfaktor (Barwertfaktor) bei der Bestimmung des Ertragswertes einer Immobilie. Im allgemeinen Sprachgebrauch bezeichnet der Vervielfältiger zumeist die Anschaffungsaufwendungen einer Immobilie dividiert durch den jährlichen Nettomietertrag.

EMPFOHLENE LITERATUR

Wir geben für jedes Kapitel einige Literaturquellen an, damit interessierte Leser weiterführende Quellen finden. Die normal gesetzten Quellen sind für Einsteiger geeignet, die *kursiv* gesetzten Quellen richten sich eher an Fortgeschrittene mit akademischer Vorbildung oder Neigung.

Kapitel 1: Der Nutzer steht im Mittelpunkt

Graaskamp, James A. (1970): A Guide to Feasibility Analysis. Society of Real Estate Appraisers.

Poorvu, William J., Cruikshank, Jeffrey L. (1999): The Real Estate Game. Free Press, New York.

Schulte, K.-W. (2008–2012): Immobilienökonomie Band I–IV. Oldenbourg, München.

Kapitel 2: Die Rollen der Marktakteure

Schäfer, J., Conzen, G. (2013): Praxishandbuch Immobilien-Projektentwicklung. Akquisition, Konzeption, Realisierung, Vermarktung, 3. Auflage, C.H. Beck. München.

Schulte, K.-W. (2008–2012): Immobilienökonomie Band I–IV. Oldenbourg, München.

Kapitel 3: Keine Immobilie ist eine Insel

Baum, A., Fürst, F., Milcheva, S. (2013): Cross-border capital flows into real estate, mimeo.

IMF (2004): World Economic Outlook, Washington.

Jowsey, E. (2011): Real estate economics, Palgrave, London.

Voigtländer, M. et al. (2013): Wirtschaftsfaktor Immobilien 2013. Gutachten im Auftrag der gif und DV, Wiesbaden.

Kapitel 4: Vermietungs- und Investmentmärkte gehören zusammen

DiPasquale, D., Wheaton, W. (1996): Urban Economics and Real Estate Markets, Englewood Cliffs, N.J.

Nitsch, Harald (2011): Tobins Q: Vom Analyserahmen zum praktischen Tool, in: Francke, H-H., Rehkugler, H. [Hrsg.] Immobilienmärkte und Immobilenbewertung, 2. Aufl., Verlag Franz Vahlen.

Poterba, J.M. (1984): Tax subsidies to owner-occupied housing: an asset market approach, in: Quarterly Journal of Economics 99 (4), S. 729-752.

Tobin, James (1969): A General Equilibrium Approach to Monetary Theory. Journal of Money, Credit, and Banking, 1 (1), S. 15–29.

Voigtländer, M. (2006): Mietwohnungsmarkt und Wohneigentum: Zwei Seiten einer Medaille. Gutachten für den Verband deutscher Pfandbriefbanken, Köln.

Kapitel 5: Treibstoff Kredit

Brueggeman, W.B., Fisher, F.D. (2011): Real estate finance and investments, 14. Edition, McGraw Hill, New York.

Hellerforth, M. (2008): Immobilieninvestition und -finanzierung kompakt, Oldenbourg, München.

Kapitel 6: Fehlende Transparenz

Akerlof, G. (1970): The Market for ‚Lemons': Quality Uncertainty and the Market Mechanism, in: The Quarterly Journal of Economics. Band 84, Nr. 3, S. 488–500.

Hardin, G. (1968): The Tragedy of the Commons, in Science 162, No. 3859, S. 1243–1248.

Voigtländer, M. et al. (2013): Wirtschaftsfaktor Immobilien 2013. Gutachten im Auftrag der gif und DV, Wiesbaden (insbesondere Kapitel 4):

Kapitel 7: Faktor Mensch

Ariely, D. (2008): Predictably Irrational, Harper, New York.
Gigerenzer, G. (2013): Risiko. Wie man die richtigen Entscheidungen trifft, btb, München.
Kahneman, D. (2012): Schnelles Denken, langsames Denken, München, Pantheon.

Kapitel 8: Unterschiedliche Anlageziele

Just, T., Sebastian, S. (2013): Volkswirtschaftliche Bedeutung von indirekten Immobilienanlagen, Gutachten im Auftrag des BIIS, BVI, VGF, ZIA. IREBS Beiträge zur Immobilienwirtschaft 4, Regensburg.
Sebastian, S., Steininger, B., Wagner-Hauber, M. (2012): Vor- und Nachteile von direkten und indirekten Immobilienanlagen, IREBS Beiträge zur Immobilienwirtschaft 2, Regensburg.

Kapitel 9: Der Staat spielt immer mit

Eekhoff, J. (2006): Wohnungs- und Bodenmarkt. 2. Auflage, Mohr Siebeck, Tübingen.
EZB (2003): Structural factors in the EU housing markets, Frankfurt am Main (http://www.ecb.europa.eu/pub/pdf/other/euhousingmarketsen.pdf).
Maennig, W., Mayer, A. (2008): Wohnungspolitik, in: Schulte, K.-W. [Hrsg.]. Immobilienökonomie IV. Volkswirtschaftliche Grundlagen, Oldenbourg, München, S. 531-565.

Kapitel 10: Lage, Lage, Lage

Brueckner, J.K., Thisse, J.-F., Zenou, Y., (1999): Why is central Paris rich and downtown Detroit poor?: An amenity-based theory, in: European Economic Review 43, S. 91–107.
McDonald, J.F., McMillen, D. (2011): Urban Economics and real estate, 2nd edition, John Wiley and Sons, New York.

Kapitel 11: Schützen Immobilien vor Inflation?

Demary, M. und Voigtländer, M. (2009): Inflationsschutz und Immobilien – Direktanlagen und Aktien im Vergleich, in IW Trends 1/2009, S. 37–50.

Huang, H., und Hudson-Wilson, s. (2007): Private Commercial Real Estate Equity Returns and Inflation, in: The Journal of Portfolio Management, Special Issue 2007, S. 63–73.

Koniarski, T. (2014): Long-term asset allocation. Dissertation eingereicht und abgenommen an der Wirtschaftswissenschaftlichen Fakultät der Universität Regensburg.

Maurer, R., Sebastian, S. (2002): Inflationsrisiken von Aktien, Bonds und indirekten Immobilienanlagen, in: Kredit und Kapital 35, S. 242–279.

Taylor, F. (2013): The downfall of Money: Germany's Hyperinflation and the destruction of the Middle Class, Bloomsbury, London.

Kapitel 12: Der Traum von der stabilen Geldanlage

Just, T., Möbert, J., Heinrich, M. (2014): Deutsche Immobilien als Kapitalanlage. Gutachten im Auftrag der Deutsche Bank Privat- und Geschäftskunden AG, IREBS Beiträge zur Immobilienwirtschaft Nr. 6, Regensburg.

Klarman, Seth A. (1991): Margin of Safety. Harper Business, New York.

Uttich, Simone und Steffen (2009): Es ist nur Geld. Frankfurter Allgemeine Buch, Frankfurt am Main.

Kapitel 13: Die trügerische Macht der Trends

Just, T. (2013): Demografie und Immobilien, 2. Auflage, Oldenbourg, München.

Krugman, P. (1997): Pop Internationalism. MIT Press, Cambridge, London.

Mankiw, G., Weil, D. (1988): The baby boom, the baby bust, and the housing market. In: NBER Working Paper Series 2794, Cambridge.

Reich, R. (1992): The work of nations. Preparing ourselves for the 21st century Capitalism, New York.

Kapitel 14: Keine Blase in Deutschland – niemals?

IWF (2004): Three current policy issues. Chapter II in World Economic Outlook September 2004. Washington (http://www.imf.org/external/pubs/ft/weo/2004/02/pdf/chapter2.pdf).

Kindleberger. C.P. (1978): Manias, Panics and Crashes: A history of financial crises, New York. Basic Books (ab der fünften Auflage zusammen mit Robert Z. Aliber):

Lerbs, O., Oberst, C., und Jorch, M. (2010): CAWM Discussion Paper No. 33: Auswirkungen der Finanz- und Schuldenkrise auf den deutschen Eigenheimsektor. Münster: Centrum für angewandte Wirtschaftsforschung Münster.

Die Autoren

Prof. Dr. Tobias Just ist seit 2011 Wissenschaftlicher Leiter der IREBS Immobilienakademie und Professor für Immobilienwirtschaft an der Universität Regensburg. Zuvor war er Leiter der Branchen- und Immobilienmarktanalyse bei Deutsche Bank Research. Seit 2012 ist Tobias Just auch Mitglied im Management Board des Urban Land Institute Germany sowie im Vorstand der ICG, der Initiative Corporate Governance der deutschen Immobilienwirtschaft e.V. Seit 2013 ist er Vizepräsident der gif, Gesellschaft für immobilienwirtschaftliche Forschung. 2013 wurde Tobias Just von führenden Immobilien-Journalisten zu einem „Kopf der Immobilienwirtschaft" gekürt.

Steffen Uttich leitet seit 2012 das Fondsmanagement des Berliner Immobilienunternehmens BEOS AG. Zuvor war er mehr als 20 Jahre als Journalist tätig, u.a. für das MDR Fernsehen, das Handelsblatt und die Frankfurter Allgemeine Zeitung. Er ist Absolvent der Georg von Holtzbrinck-Schule für Wirtschaftsjournalisten in Düsseldorf. Von 2009 bis 2012 war Uttich verantwortlich für die F.A.Z.-Immobilienberichterstattung. Parallel absolvierte er das berufsbegleitende Kontaktstudium Immobilienökonomie an der EBS Wiesbaden/Oestrich-Winkel. Bei Frankfurter Allgemeine Buch veröffentlichte er bereits zusammen mit seiner Frau Simone Uttich „Es ist nur Geld" (2009).